PRAKTISCHE SAMMELKARTE

Auf der beigelegten Sammelkarte findet ihr die Stufen, deren Einsatzbereich und die besonderen Funktionen eures Thermomix® in Kurzfassung beschrieben. Die Karte könnt ihr direkt neben dem Gerät aufbewahren und jederzeit schnell nachschauen, welche Stufe für den nächsten Zubereitungsschritt genau die richtige ist oder welche Funktion ihr einsetzen solltet.

AUF EINEN BLICK

Unsere sieben Symbole zeigen euch sofort an, ob ein Gericht bestimmte Ernährungskriterien erfüllt!

- **Vegetarisch**
- **Vegan**
- **Laktosefrei**
- **Glutenfrei**
- **Kalorienarm**
- **Kohlenhydratarm**
- **Fettarm**

LIEBE LESERIN, LIEBER LESER,

was den Thermomix® zum genialsten Küchenhelfer macht? Er kann vollständige Gerichte zubereiten, ohne auf Herd oder Ofen angewiesen zu sein. Das macht ihm so schnell keiner nach! Dieses Talent erlaubt uns nicht nur, die Zeit während des Kochens anderweitig zu nutzen, sondern macht auch ganz einfach weniger Abwasch.

Für das All-in-one-Kochen – also das Zubereiten von Hauptspeise und Beilage zeitgleich im Thermomix® – haben wir eine Vielzahl an Ideen entwickelt, die ihr in dieser Ausgabe findet. Wir haben sie unterteilt in schnelle Gerichte, die in weniger als 35 Minuten fertig sind, Speisen, die in unter einer Stunde auf dem Tisch stehen und solche, die ein wenig mehr Zeit brauchen und dabei wirklich außergewöhnlichen Genuss bereiten. Unsere zahlreichen Ratgeber erklären zudem, wie ihr eure eigenen Ideen à la „All in one" umsetzen könnt.

Herzlichst eure Vivien Koitka, Chefredakteurin

Titelfotos: Anna Gieseler (1); Archiv (1) | Fotos: Anna Gieseler (1); Archiv (1) | Illustrationen: Archiv

INHALT

Alle zauberhaften Themen und Ratgeber

SERVICE

BESUCHT UNS AUF

www.zaubertopf-club.de
shop.zaubertopf.de
www.zaubertopf.de/youtube
www.zaubertopf.de/facebook
www.instagram.com/zaubertopf.de
twitter.com/zaubertopfde
www.pinterest.de/meinzaubertopf

Fotos: Jorma Gottwald (2); Alexandra Panella (1); Sophia Handschuh (1); Tina Bumann (1)

REZEPTE DIESER AUSGABE

S. 80

Ratatouille mit Schafskäse

S. 85

Lachsbällchen auf Spinatrahm

S. 86

Kabeljau mit Sellerie-Stampf

S. 89

Forelle mit Gemüse

S. 90

Lachs mit Rosenkohl

S. 93

Grünkohlcurry mit Garnelen

S. 98

Bœuf bourguignon mit Knödeln

S. 101

Massaman-Curry

S. 102

Bierfleisch mit Tassenknödeln

S. 105

Speck-Keulen mit Sauerkraut

S. 106

Geschnetzeltes „Stroganoff"

S. 109

Gefüllter Blumenkohl

S. 110

Herzhafte Germknödel

S. 117

Ricottacreme mit Aprikose

S. 118

Schokokusscreme

S. 121

Cremiges Erdbeereis

S. 122

Schokoküchlein

S. 129

Miso-Brownie-Cheesecake

S. 130

Zitronen-Ingwer-Kuchen

S. 133

Gedämpfte Matchaküchlein

S. 134

Quinoapudding mit Himbeeren

S. 137

Kirschenmichel

S. 138

Dattelpudding

S. 141

Kokosmilchreis mit Mango

Basis REZEPT
Seite 33:
Gemüse-Gewürzpaste für den Vorratsschrank

Basis REZEPT
Seite 68:
Perfekte Ergänzungen und Basics für die Gerichte dieser Ausgabe

Basis REZEPT
Seite 92:
Der beste Mamorkuchen aus dem Varoma®

UNSERE VERWENDETEN SYMBOLE IM ÜBERBLICK

MIXTOPF = | SANFTRÜHRSTUFE = | LINKSLAUF =
SPATEL = | TEIG-MODUS =

DIE METHODE

Was heißt eigentlich „All in one"? Diese Form der Zubereitung ermöglicht es, komplett auf Herd und Ofen zu verzichten. Gekocht wird hier ausschließlich mit dem Thermomix®!

6 Vorzüge von All in one

1. Mit dieser Methode könnt ihr alle Komponenten eines Gerichts von Hauptspeise über Beilage bis zur Soße gleichzeitig in Mixtopf, Garkorb und Varoma® zubereiten.
2. Der Thermomix® ersetzt alle anderen Küchengeräte. Ihr braucht weder Ofen noch Herd.
3. Es bleibt mehr Zeit für andere Dinge, während das Gericht kocht.
4. Diese Methode könnt ihr zu jeder Tageszeit, zum Frühstück, Mittag- und Abendessen einsetzen. Ideen gibt es unendlich viele!
5. Ihr esst gesünder, da alles, was im Varoma® zubereitet wird, nährstoffschonend gegart wird!
6. Ihr habt nach dem Kochen weniger Abwasch!

Wo kocht was?

MIXTOPF

> **SOSSEN** köcheln im , während die übrigen Komponenten des Gerichts in Garkorb und Varoma® garen.

> **EINTÖPFE** werden im gekocht und gerührt, im Varoma® lassen sich unterdessen beispielsweise Würstchen, Spätzle oder zusätzliche Kartoffeln dämpfen.

> **PASTA** – alle Zutaten garen gemeinsam im – so kocht ihr „One Pot"-Gerichte.

> **SÜSSES** – während beispielsweise Milchreis, süße Nudeln oder Fliederbeersuppe kocht, garen im Varoma® Grießklößchen oder Germknödel.

> **RISOTTO** wird im langsam gerührt, zeitgleich werden Fisch, Fleisch oder Gemüse vom aufsteigenden Wasserdampf im Varoma® gegart.

GARKORB

> **BEILAGEN** wie Reis, Kartoffeln oder Nudeln garen im Garkorb.

VAROMA®

> **FLEISCH UND FISCH** garen auf dem Einlegeboden.

> **GEMÜSE** wird schonend im Varoma® gedämpft.

DAS KANN DER VAROMA®

ZUBEHÖR	EINSATZBEREICH	TIPP
VAROMA®	**Garschale mit großem Füllvolumen für große Lebensmittelmengen, die in Dampf gegart werden können**	> zum Garen größerer Mengen Gemüse, auch von hartem Gemüse wie Kartoffeln oder Karotten > zum Garen von Fleisch und Fisch, auch von ganzen Hähnchen, Fischen oder größeren Braten > für Lebensmittel, die nicht auf den flacheren Einlegeboden passen > hier können kleine Kuchen oder Gebäck sowie Brote garen > einige Luftlöcher müssen stets frei bleiben > der Varoma® dient auch als Sieb oder Seiher
EINLEGEBODEN	**Unterteilungsboden des Dampfgaraufsatzes, der zusätzlichen Garraum im Varoma®bietet**	> Lebensmittel mit kurzer Garzeit wie Fischfilet oder Hähnchenbrust, zartes Gemüse wie Spargel oder Bohnen können hier garen > zum Garen vorbereiteter Speisen wie Omeletts oder Frikadellen > während des Kochvorgangs zufügen und herausnehmen möglich > darauf gelegtes Backpapier verhindert, dass Flüssigkeit durch die Luftlöcher tropft > die seitlichen Luftschlitze und einige Luftlöcher stets frei lassen > mit dem Einlegeboden könnt ihr Spätzle hobeln
DECKEL	**2-in-1-Abdeckung für den Varoma® und den Einlegeboden**	> muss lückenlos auf Varoma® oder Varoma® und Einlegeboden aufliegen, damit kein Dampf entweichen kann > stets vom Körper weg öffnen, da heißer Dampf aufsteigt > den Deckel abnehmen, umgekehrt auf die Arbeitsfläche legen und Varoma® daraufstellen, so fängt der Deckel tropfende Flüssigkeit auf

DAS GEHÖRT ZUM MIXTOPF

ZUBEHÖR	EINSATZBEREICH	TIPP
MIXTOPF MIT DECKEL	**wiegen, vorbereiten, verarbeiten, sichern**	> direkt im oder auf dem aufgesetzten Deckel können über die Waage-Funktion Lebensmittel abgewogen werden > der Deckel muss stets aufgesetzt sein, damit das Gerät startet
GARKORB	**wiegen, abtropfen, als Spritzschutz verwenden**	> Lebensmittel im eingehängten Garkorb abwiegen > Lebensmittel im Garkorb garen, spülen oder abtropfen > Garkorb beim Erhitzen und Kochen als Spritzschutz auf den Deckel des stellen
DECKEL	**Sicherheit, Trichterfunktion**	> Die Öffnung ermöglicht das Zugeben von Zutaten während des Kochvorgangs sowie die Kontrolle des Mix- oder Garguts > die Deckelöffnung gibt die Größe der vorbereiteten Zutaten vor, die das Mixmesser zerkleinern kann
MESSBECHER	**Spritzschutz und Zutaten abmessen**	> bei eingesetztem Messbecher spritzt nichts aus dem > auch bei eingesetztem Messbecher können flüssige Zutaten in dünnem Strahl langsam über den Deckel zugeführt werden
SPATEL	**Lebensmittel und Garkorb entnehmen, umrühren**	> beim Zerkleinern oder Vermengen von Zutaten den in die Deckelöffnung halten und diese dadurch zum Messer bewegen > mit dem das Mixmesser an der stumpfen Seite im Uhrzeigersinn bewegen, um Massen aus dem zu lösen
LIPPE AM MIXTOPF	**portionieren**	> Flüssigkeiten oder gemahlene Zutaten gezielt umfüllen oder portionieren z. B. Smoothies, flüssige Teige und gemahlenes Getreide

Foto: Archiv | Illustrationen: Archiv (1)

FLEISCH

Süßkartoffel-Bohnen-Chili

Indisches Hähnchencurry

Goldene Pasta mit Ingwer und Kurkuma

Bunter Schnitzeltopf

Bandnudeln mit würzigen Hähnchenstreifen, Brokkoli und Tomaten

Rinderfilet mit Bohnen und Tomaten

Bulgur-Brokkoli-Eintopf

Couscous-Hack-Topf

Pasta nach Paella-Art

Spitzkohl-Schupfnudeln

VEGGIE

Penne all'arrabbiata

Vegetarische Sauerkrautsuppe

Linsen-Salat mit Paprika, Zuckerschoten und Mais

Zucchini-Mac-'n'-Cheese

FISCH

Garnelen und Lachs mit Wermutsoße

Seelachs mit Reis und Paprikasalsa

Rote-Bete-Dinkel-„Risotto" mit Kabeljau

Foto: siehe Rezeptseite | Illustrationen: Archiv (1)

RATZ-FATZ FERTIG

Schnelle und köstliche Sattmacher für jeden Tag

UNTER 35 MINUTEN

Süßkartoffel-Bohnen-Chili

00 35 std : min

LOW CARB LOW FAT

PRO PORTION: 585 KCAL | 32 G E | 25 G F | 56 G KH
ZUTATEN FÜR 4 PERSONEN

- 2 Frühlingszwiebeln, in groben Stücken
- 1 Zwiebel, halbiert
- 1 Knoblauchzehe
- 1 grüne Chilischote, entkernt
- ½ gelbe Chilischote, entkernt
- 10 g natives Olivenöl extra
- 400 g gemischtes Hackfleisch
- Salz
- ½ TL Kreuzkümmelpulver
- 1 Msp. Zimtpulver
- 1 Msp. frisch gemahlener schwarzer Pfeffer
- 450 g Wasser
- 100 g Sahne
- 1 grüne Paprikaschote, in Würfeln
- 600 g Süßkartoffeln, in ca. 1 cm großen Würfeln
- 2 TL Gemüse-Gewürzpaste (Rezept Seite 33)
- ½ Lorbeerblatt
- 260 g Kidneybohnen (Dose), abgetropft
- 260 g weiße Riesenbohnen (Dose), abgetropft
- 1 Msp. Kurkumapulver
- 1 Msp. Korianderpulver
- 1 Msp. edelsüßes Paprikapulver

1 Frühlingszwiebeln **5 Sek.** | **Stufe 6** zerkleinern und umfüllen. Zwiebel, Knoblauch und Chilischoten im Mixtopf **5 Sek.** | **Stufe 5,5** zerkleinern. Olivenöl zugeben und **1 Min.** | **100 °C** | **Stufe 1** dünsten. Hackfleisch, ½ TL Salz, Kreuzkümmel, Zimt, Pfeffer zufügen, **4 Sek.** | Linkslauf | **Stufe 2** vermischen und ohne Messbecher **6 Min.** | **Varoma®** | Linkslauf | **Stufe 1** andünsten.

2 Wasser und Sahne angießen. Paprikawürfel, Süßkartoffelwürfel, Gemüse-Gewürzpaste sowie Lorbeerblatt zugeben, mit dem Spatel einmal durchrühren und alles zusammen **10 Min.** | **100 °C** | Linkslauf | **Stufe 1** garen.

3 Die Bohnen mit den übrigen Gewürzen zum Chili geben. Alles zusammen weitere **10 Min.** | **100 °C** | Linkslauf | Sanftrührstufe garen. Das Süßkartoffel-Bohnen-Chili mit Frühlingszwiebeln bestreut servieren.

> **TIPP** Zu diesem würzigen Chili passt ganz wunderbar ein selbst gebackenes Ciabatta (Rezept Seite 68).

Foto: Alexandra Panella

Indisches Hähnchencurry

00 35
std : min

LOW CARB LOW FAT

PRO PORTION: 216 KCAL | 20 G E | 8 G F | 12 G KH
ZUTATEN FÜR 4 PERSONEN

- **2 Zwiebeln, halbiert**
- **20 g Ingwer, in dünnen Scheiben**
- **1 Knoblauchzehe**
- **300 g Karotten, in Stücken**
- **10 g Kokosöl**
- **10 g weiche Butter**
- **1 ½ EL Currypulver**
- **½ TL Salz**
- **3 Prisen frisch gemahlener schwarzer Pfeffer**
- **400 g stückige Tomaten (Dose)**
- **300 g Hähnchenbrustfilet, in Würfeln**
- **Blättchen von 6 Stielen Koriander**

1 Zwiebeln, Ingwer und Knoblauch in den geben und **4 Sek. | Stufe 6** zerkleinern. Karotten zugeben und **3 Sek. | Stufe 5** zerkleinern, mit dem nach unten schieben.

2 Kokosöl und Butter zugeben und ohne Messbecher **5 Min. | Varoma® | | Stufe 1** dünsten. Currypulver, Salz und Pfeffer zugeben und ohne Messbecher **2 Min. | Varoma® | | Stufe 1** dünsten.

3 Tomaten zugeben, den Garkorb anstelle des Messbechers als Spritzschutz auf den Deckel des stellen und **10 Min. | 100 °C | | Stufe 1** garen. Fleisch zugeben und **5 Min. | 100 °C | | Stufe 1** garen. Das Curry abschmecken, umfüllen und mit Koriander bestreut servieren.

TIPP

Wenn ihr aus diesem Curry ein sättigendes One-Pot-Gericht zaubern wollt, gebt mit den Tomaten noch 200 g Langkornreis in den , vermengt alles gut mit dem und lasst den Reis in der Currysoße mitgaren. Ggf. muss noch etwas mehr Wasser hinzugefügt werden.

Foto: Jorma Gottwald; Archiv (1)

Goldene Pasta mit Ingwer und Kurkuma

00 35
std : min

LOW CARB LOW FAT

PRO PORTION: 671 KCAL | 39 G E | 30 G F | 54 G KH
ZUTATEN FÜR 4 PERSONEN

- **40 g Erdnusskerne, geröstet und ungesalzen**
- **½ TL rosenscharfes Paprikapulver**
- **10 g Rapsöl**
- **2 Zwiebeln, halbiert**
- **15 g Ingwer, in dünnen Scheiben**
- **1 Knoblauchzehe**
- **10 g natives Olivenöl extra**
- **20 g Butter**
- **350 g Putenschnitzel, in Streifen**
- **Salz**
- **1 TL edelsüßes Paprikapulver**
- **2 TL Kurkumapulver**
- **1 TL Gemüse-Gewürzpaste (Rezept Seite 33)**
- **750 g kochendes Wasser**
- **175 g Frischkäse**
- **250 g Fusilli**
- **300 g grüne Bohnen (TK)**
- **½ Zitrone, in Spalten**

1 | Erdnüsse und rosenscharfes Paprikapulver in den Mixtopf geben und **3 Sek. | Stufe 4,5** zerkleinern. Rapsöl durch das Loch im Mixtopfdeckel zugeben, **5 Sek. | Stufe 2** mischen und umfüllen.

2 | Zwiebeln, Ingwer und Knoblauch in den Mixtopf geben, **5 Sek. | Stufe 5** zerkleinern und mit dem Spatel nach unten schieben. Öl und Butter zugeben und **3 Min. | 120°C** [TM31 bitte Varoma®] **| Stufe 1** dünsten. Währenddessen die Putenstreifen in einer Schüssel mit 2 Prisen Salz und dem edelsüßen Paprikapulver mischen und auf dem Einlegeboden verteilen. Einlegeboden in den Varoma® einsetzen und Varoma® verschließen.

3 | Kurkuma, Gewürzpaste und Wasser in den Mixtopf zugeben, Varoma® aufsetzen und **7 Min. | Varoma® | Stufe 1** dämpfen. Varoma® absetzen und auf einem Teller zur Seite stellen. Frischkäse, Nudeln, Bohnen und 1 TL Salz in den Mixtopf zugeben. Varoma® aufsetzen und Zeit gemäß Packungsangabe der Nudeln **Varoma® | Linkslauf | Sanftrührstufe** garen.

4 | Varoma® absetzen, Fleisch mithilfe des Spatels unter die Nudeln mischen und abschmecken. Die Pasta mit Zitronenspalten sowie den Paprika-Erdnüssen anrichten und servieren.

Foto: Jorma Gottwald

Bunter Schnitzeltopf

00 30
std : min

LOW CARB LOW FAT

PRO PORTION: 844 KCAL | 37 G E | 63 G F | 34 G KH
ZUTATEN FÜR 2 PERSONEN

- **30 g natives Olivenöl extra**
- **300 g Schweinegeschnetzeltes, trocken getupft**
- **2 Zwiebeln, halbiert und in Ringen**
- **½ rote Paprikaschote, in mundgerechten Stücken**
- **½ grüne Paprikaschote, in mundgerechten Stücken**
- **150 g braune Champignons, halbiert**
- **3 Prisen Salz**
- **2 Prisen frisch gemahlener schwarzer Pfeffer**
- **½ TL edelsüßes Paprikapulver**
- **2–3 Prisen Zucker**
- **400 g stückige Tomaten (Dose)**
- **150 g Schmand**
- **3 EL Schnittlauchröllchen**

1 | 20 g Olivenöl und Schweinegeschnetzeltes in den geben und ohne Messbecher **3 Min. | Varoma® | |** dünsten und umfüllen.

2 | 10 g Olivenöl mit den Zwiebeln, den beiden Paprikaschoten sowie den Pilzen zugeben und ohne Messbecher **3 Min. | 100 °C | |** dünsten.

3 | Mit Salz, Pfeffer, Paprikapulver und Zucker würzen. Tomaten zugeben und **12 Min. | 100 °C | |** kochen, dabei den Garkorb als Spritzschutz auf den Deckel des stellen. In dieser Zeit den Schmand mit einem Schneebesen glatt rühren und den Schnittlauch untermischen.

4 | Fleisch in den geben und **3 Min. | 100 °C | |** garen. Schnitzeltopf abschmecken und in einem Serviertopf mit Schnittlauch-Schmand servieren.

>TIPP Statt Schweinefleisch kannst du ganz wunderbar auch Hähnchen- oder Putenbrustfilet kaufen und es selbst in Streifen schneiden. Zu jeglicher Variante passt jedoch perfekt selbstgebackenes Ciabatta zum Dippen (Rezept Seite 68).

Foto: Matthias Haupt

TITELREZEPT

Bandnudeln mit würzigen Hähnchenstreifen, Brokkoli und Tomaten

00 30
std : min

LOW CARB LOW FAT

PRO PORTION: 611 KCAL | 44 G E | 20 G F | 64 G KH
ZUTATEN FÜR 4 PERSONEN

- **3 Hähnchenbrustfilets (à etwa 160 g), in Streifen**
- **Salz**
- **1 TL edelsüßes Paprikapulver**
- **½ TL Knoblauchpulver**
- **1 TL getrocknetes Basilikum**
- **frisch gemahlener schwarzer Pfeffer**
- **60 g natives Olivenöl extra**
- **1300 g Wasser**
- **350 g Bandnudeln**
- **250 g Brokkoli, in Röschen**
- **200 g Kirschtomaten**
- **Blättchen von ½ Bund Basilikum**

1 Hähnchenstreifen in den Varoma® geben, mit 1 TL Salz, Paprikapulver, Knoblauchpulver, getrocknetem Basilikum und 3 Prisen Pfeffer würzen. 10 g Olivenöl zugeben und mit dem Spatel gut vermengen.

2 Das Wasser und 1 TL Salz in den Mixtopf füllen. Dann den Varoma® verschlossen aufsetzen und für **15 Min. | Varoma® | Stufe 2** garen.

3 Anschließend die Bandnudeln hinzugeben, den Varoma® wieder aufsetzen und das Hähnchen mit dem Spatel umrühren. Den Brokkoli und die Tomaten auf dem Fleisch verteilen und leicht salzen. Nach Packungsangabe der Nudeln | **Varoma®** | Linkslauf | Sanftrührstufe garen.

4 Den Varoma® absetzen und auf den umgedrehten Deckel stellen. Die Nudeln abgießen und tropfnass in den Varoma® geben. 50 g Olivenöl über die Nudeln träufeln und alles gut vermengen. Nach Belieben mit Salz und Pfeffer abschmecken. Pasta auf Tellern anrichten und mit Basilikumblättchen und etwas Pfeffer garniert servieren. Dazu passt frisch gehobelter Parmesan.

>TIPP Wir haben das Gericht im Varoma® serviert. Dafür am besten den Deckel umgedreht darunter legen, so kann keine Feuchtigkeit durchtropfen.

Foto: Jorma Gottwald

Rinderfilet mit Bohnen und Tomaten

00 35 std : min

LOW CARB LOW FAT

PRO PORTION: 527 KCAL | 36 G E | 8 G F | 73 G KH

ZUTATEN FÜR 2 PERSONEN

- **1000 g Wasser**
- **1 TL Salz**
- **125 g Jasmin-Reis, gewaschen**
- **175 g Prinzessbohnen (TK), aufgetaut**
- **150 g Kirschtomaten, halbiert**
- **250 g Rinderfilet, in 1–2 cm breiten Streifen**
- **3 cm Ingwer**
- **½ rote Chilischote, in Stücken**
- **1 Knoblauchzehe**
- **50 g Sojasoße**
- **30 g flüssiger Honig**
- **2 Spritzer Austern- oder Fischsoße**
- **10 g Stärke**
- **10 g Sesamsaat**
- **1 unbehandelte Limette, geviertelt**
- **Blättchen von 3 Stielen Koriander**

1 | Wasser und Salz in den Mixtopf geben. Reis in den Gareinsatz einwiegen und in den Mixtopf einhängen. Den Reis **8 Min. | 100°C | Stufe 1** vorgaren.

2 | Inzwischen den Einlegeboden mit Backpapier auslegen, seitliche Lüftungsschlitze dabei frei lassen. Bohnen, Kirschtomaten und Rinderfiletstreifen gleichmäßig auf dem Einlegeboden verteilen. Einlegeboden in den Varoma® einsetzen, diesen auf den Mixtopf stellen, **10 Min. | Varoma® | Stufe 1** garen. Varoma® abnehmen und unter Küchenhandtüchern warm halten – das Fleisch gart dabei noch nach. Den Reis ebenfalls abgedeckt warm halten. 100 g vom Kochwasser auffangen und den Mixtopf kurz kalt ausspülen.

3 | Ingwer, Chili und Knoblauch im Mixtopf **5 Sek. | Stufe 6** zerkleinern. Mit dem Spatel nach unten schieben. Das aufgefangene Kochwasser, Sojasoße, Honig, Austernsoße, Stärke sowie Sesam hinzufügen und **5 Min. | 100°C | Stufe 3** aufkochen. Reis und Rinderfilet mit Gemüse auf Tellern anrichten, die Soße darübergeben und mit Limettenvierteln und Korianderblättchen garniert servieren.

NIROSTA

Bulgur-Brokkoli-Eintopf

00 30
std : min

LOW CARB LOW FAT

PRO PORTION: 306 KCAL | 17 G E | 10 G F | 29 G KH

ZUTATEN FÜR 2 PERSONEN

- 1 Zwiebel, halbiert
- 1 Knoblauchzehe
- 300 g Brokkoli, in Röschen, Strunk geschält und in Stücken
- 10 g natives Olivenöl extra
- ½ TL rosenscharfes Paprikapulver
- 6 Prisen Salz
- 3 Prisen frisch gemahlener schwarzer Pfeffer
- 1 TL Gemüse-Gewürzpaste (Rezept S. 33)
- 1 rote Paprikaschote, in Würfeln
- 700 g Wasser
- 1 Lorbeerblatt, mehrfach eingeschnitten
- 60 g Bulgur
- 60 g Katenschinken, in Würfeln
- 3 EL Schnittlauchröllchen

1 Zwiebel, Knoblauch und Brokkolistrunkstücke in den Mixtopf geben, **5 Sek. | Stufe 5** zerkleinern und mit dem Spatel nach unten schieben. Olivenöl zugeben und **3 Min. | 120 °C** [TM31 bitte Varoma®] | **Stufe 1** dünsten.

2 Paprikapulver, 4 Prisen Salz, Pfeffer, Gewürzpaste, Paprikawürfel und Wasser zugeben und **5 Min. | Varoma® | Linkslauf | Stufe 1** garen. Die Brokkoliröschen in den Varoma® geben, mit 2 Prisen Salz würzen, den Varoma® verschließen und zur Seite stellen.

3 Lorbeer und Bulgur in den Mixtopf zugeben, Varoma® aufsetzen und **10 Min. | Varoma® | Linkslauf | Stufe 1** kochen. Varoma® absetzen, Schinken und gegarte Brokkoliröschen in den Mixtopf zugeben, Eintopf abschmecken, mit Schnittlauchröllchen bestreut anrichten und servieren.

Foto: Sabine Büttner

Couscous-Hack-Topf

00 30 std : min

LOW CARB LOW FAT

PRO PORTION: 708 KCAL | 34 G E | 45 G F | 37 G KH
ZUTATEN FÜR 2 PERSONEN

- 150 g Sahnejoghurt
- 1 TL Zitronensaft
- Blättchen von 4 Stielen Petersilie
- Blättchen von 3 Stielen Minze
- 250 g Zucchini, in Stücken
- 150 g Wasser
- 80 g Couscous
- 30 g natives Olivenöl extra
- 3 Prisen Salz
- 1 Knoblauchzehe
- 1 Zwiebel, halbiert
- 250 g gemischtes Hackfleisch
- 3 Prisen Kreuzkümmelpulver
- ½ TL Harissapaste
- 2 Prisen frisch gemahlener schwarzer Pfeffer
- 150 g Kirschtomaten, halbiert

1 | Joghurt und Zitronensaft in einer Schale mischen und zur Seite stellen. Blättchen von 3 Stielen Petersilie und 2 Stielen Minze in den geben, **5 Sek. | Stufe 6** zerkleinern, zum Joghurt in die Schüssel geben und vermischen.

2 | Zucchini in den geben, **3 Sek. | Stufe 4,5** zerkleinern und umfüllen. Wasser im Mixtopf für **3 Min. | Varoma® | Stufe 1** aufkochen. Couscous in eine Servierschale füllen, kochendes Wasser, 10 g Olivenöl und 1 Prise Salz hineingeben, vermischen und zugedeckt quellen lassen.

3 | Knoblauch und Zwiebel in den geben, **5 Sek. | Stufe 5** zerkleinern und mit dem nach unten schieben. 20 g Olivenöl zugeben und ohne Messbecher **3 Min. | Varoma® | Stufe 1** andünsten.

4 | Hackfleisch zerpflücken, mit Kreuzkümmel, Harissapaste, 2 Prisen Salz und Pfeffer in den zugeben und **6 Min. | Varoma® |** | garen. Zucchini und Kirschtomaten zugeben, ohne Messbecher **3 Min. | Varoma® |** | garen.

5 | Hackfleischmischung in die Schale zum Couscous geben, locker mischen, abschmecken, mit restlicher Petersilie und Minze bestreuen und mit dem Joghurt servieren.

>XXL-TIPP Bei Bedarf könnt ihr dieses Rezept ganz einfach verdoppeln! Lediglich die Zeiten zum Zerkleinern sollten um 1–2 Sekunden verlängert werden, und die Zeit beim Erhitzen und Dünsten verdoppelt. Möchtet ihr das Rezept verdreifachen, verwendet für das Braten des Hackfleischs eine Pfanne.

Foto: Jorma Gottwald

MIT
XXL
TIPP

Pasta nach Paella-Art

00 30
std : min

LOW CARB LOW FAT

PRO PORTION: 562 KCAL | 24 G E | 22 G F | 62 G KH

ZUTATEN FÜR 4 PERSONEN

- **1 Zwiebel, halbiert**
- **1 Knoblauchzehe**
- **20 g natives Olivenöl extra**
- **200 g Hähnchenbrustfilet, in Würfeln**
- **110 g Chorizo, in Scheiben**
- **0,1 g gemahlener Safran**
- **1 TL edelsüßes Paprikapulver**
- **200 g Erbsen (TK)**
- **1 TL Gemüse-Gewürzpaste (Rezept Seite 33)**
- **½ TL Salz**
- **700 g kochendes Wasser**
- **250 g Kritharaki**
- **2 Prisen frisch gemahlener schwarzer Pfeffer**
- **Blättchen von ½ Bund Koriander**

1 | Zwiebel und Knoblauch in den geben, **5 Sek.** | **Stufe 5** zerkleinern und mit dem nach unten schieben. Öl, Hähnchenbrust und Chorizo zugeben und **3 Min.** | **120 °C** [TM31 bitte Varoma®] | | **Stufe 1** dünsten. Safran, Paprikapulver, Erbsen, Gewürzpaste, Salz und Wasser zugeben und **3 Min.** | **100 °C** | | **Stufe 0,5** aufkochen.

2 | Nudeln mit dem unterrühren und ohne Messbecher Zeit gemäß Packungsangabe **90 °C** | | **Stufe 0,5** garen. Pasta mit Pfeffer abschmecken, auf vier vorgewärmten Tellern anrichten, mit Koriander bestreuen und servieren.

> **TIPP** Dieses Gericht wird mit griechischen Kritharaki zubereitet, die in Italien Risoni oder Orzo heißen.

Foto: Jorma Gottwald

Spitzkohl-Schupfnudeln

00 30
std : min

LOW CARB LOW FAT

PRO PORTION: 490 KCAL | 15 G E | 28 G F | 42 G KH
ZUTATEN FÜR 4 PERSONEN

- **2 Zwiebeln, halbiert**
- **500 g Spitzkohl, in Stücken**
- **30 g natives Olivenöl extra**
- **100 g Bacon, in Stücken**
- **100 g Wasser**
- **1 TL Gemüse-Gewürzpaste (Rezept Seite 33)**
- **150 g Crème fraîche**
- **500 g Schupfnudeln (Kühlregal)**
- **½ TL Salz**
- **4 Prisen frisch gemahlener schwarzer Pfeffer**

1 | 1 Zwiebel und 250 g Spitzkohl in den Mixtopf geben, **5 Sek. | Stufe 4** zerkleinern und umfüllen. Restliche Zwiebel und Rest Spitzkohl ebenfalls in den Mixtopf geben und **5 Sek. | Stufe 4** zerkleinern.

2 | Zerkleinerten Spitzkohl und zerkleinerte Zwiebeln, Öl und Bacon zugeben und **5 Min. | Varoma® | Linkslauf | Stufe 1,5** dünsten. Wasser, Gewürzpaste und Crème fraîche zugeben, Varoma® aufsetzen, Schupfnudeln einwiegen, Varoma® verschließen und für **10 Min. | Varoma® | Linkslauf | Stufe 1** garen.

3 | Schupfnudeln in eine Servierschale füllen, Spitzkohl mit Salz und Pfeffer abschmecken, zu den Schupfnudeln geben, untermischen und servieren.

Foto: Jorma Gottwald

ALLES DA IM VORRATSSCHRANK?

Viele gute Grundzutaten lassen sich hervorragend lagern. Welche ihr idealerweise bevorraten solltet, damit sie immer griffbereit sind, fassen wir hier zusammen

ÖLE & GEWÜRZE

Für unsere Rezepte verwenden wir fast ausschließlich natives **Olivenöl** extra, weil es zu den gesündesten Ölen zählt und für einen besonders feinen Geschmack sorgt. Da Olivenöl nicht zu stark erhitzt werden darf, solltet ihr zum Anbraten zusätzlich ein neutrales Öl wie **Rapsöl** in eurem Vorratsschrank haben.

Ohne **Gewürze** geht es nicht! Auf alle Fälle zu Hause haben solltet ihr Salz, Pfefferkörner, edelsüßes und rosenscharfes Paprikapulver, Muskatnuss, Zimt, getrocknete Kräuter wie Oregano, Thymian, Majoran und Lorbeerblätter sowie frischen Knoblauch. Eine tolle Ergänzung sind unsere bereits abgeschmeckten Bio-Gewürzmischungen „ZauberPrise" für Fisch, Fleisch, Salat, Gemüse und Geflügel – damit habt ihr die richtige Mischung für jegliche Grundgerichte in einem Produkt parat. Erhältlich ab 4,89 Euro unter shop.zaubertopf.de

KONSERVEN

Habt stets ein paar Konserven in Reserve! Sie sind lange haltbar, müssen nicht gekühlt werden und lassen sich deshalb praktisch im Vorratsschrank lagern. Viel frisches Gemüse kann durch Eingelegtes in der Dose oder im Glas ersetzt werden. Perfektes Beispiel: **Dosentomaten**. Durch sie verringert sich sogar die Kochzeit im Thermomix® und ihr müsst sie ggf. nur abtropfen lassen, damit nicht zu viel Flüssigkeit zugefügt wird. Achtet darauf, ungezuckertes Obst und Gemüse zu verwenden. Die Süße könnt ihr dann selbst bestimmen. Als vegane und exotische Alternative zu Sahne und Kuhmilch könnt ihr Kokosmilch auf Vorrat kaufen. Verhärtet sich das Fett der **Kokosmilch** in der Dose und setzt sich ab, hat dies nichts mit der Qualität zu tun. Beim Erhitzen verflüssigt sich das Fett wieder. Auch **Hülsenfrüchte** wie Linsen und Kichererbsen gibt es in der Dose. Sie sind eine köstliche Basis für Eintöpfe, Dips, Salate und Bratlinge. Sie sind bereits gegart, das spart Zeit!

LAGERGEMÜSE & OBST

Kühl und dunkel gelagert bleiben einige Obst- und Gemüsesorten lange genießbar. Besonders Kartoffeln, Zwiebeln, Rüben, Kürbisse, Äpfel und Birnen sind ideal zum Lagern geeignet. Bei **Kartoffeln** wird unterschieden zwischen festkochenden, vorwiegend festkochenden und mehligkochenden Sorten. Festkochende braucht ihr für Kartoffelsalat, Gratin oder Bratkartoffeln, vorwiegend festkochende für Pell- und Salzkartoffeln. Mehligkochende empfehlen wir für Püree, Kartoffelsuppe, Gnocchi und Ofenkartoffeln. **Kürbisse** halten sogar bis zu mehreren Monaten. Am besten in einem Netz aufhängen und bei bis zu 13 °C lagern. Angeschnittene Kürbisse stets in den Kühlschrank legen.

TROCKENES

Nudeln gehören zu unseren „Fix-Startern" im Vorratsschrank. Habt am besten immer unterschiedliche Sorten parat, z. B. Spaghetti, Penne und Vollkornpasta. Nudeln mit einem Blitz-Pesto aus dem Thermomix® schmecken immer, wenn euch Zeit, Ideen und Zutaten für ein vielseitigeres Abendessen fehlen!
Praktisch sind auch diverse **Reissorten**. Langkornreis, zum Beispiel Basmati, als Beilage, Rundkorn für Milchreis und Risotto. Genial finden wir auch „Dinkel wie Reis" – die Dinkelkörner lassen sich ganz einfach kochen und geben unseren Kreationen so richtig Biss! Ihr bekommt „Dinkel wie Reis" im gut sortierten Supermarkt oder in Drogeriemärkten. Ihr könnt ihn 1 : 3 mit Vollkornreis mischen und so eine sehr gesunde Basis für Reissalat oder einen Reistopf herstellen. Habt zudem immer **Getreidekörner** auf Vorrat. Im Thermomix® könnt ihr euer Vollkornmehl dann selbst mahlen. Dafür 200 g Weizen-, Dinkel- oder Roggenkörner im **1 Min. | Stufe 10** mahlen. Für mehr Mehl diesen Schritt mit stets je 200 g wiederholen.

Fotos: Archiv (2); | Illustrationen: Archiv (3), gettyimages.de/adekvat (1)

Basis REZEPT

Gemüse-Gewürzpaste

Unsere Gewürzpaste eignet sich zum Würzen von Suppen, Eintöpfen, Soßen und vielem mehr. Durch das Salz ist die Paste im Kühlschrank mehrere Wochen haltbar. Ihr könnt die Paste auch einfrieren: Dafür in Eiswürfelformen füllen, tiefkühlen und bei Bedarf portionsweise auftauen.
Für 3 Gläser à 250 ml 3 getrocknete Tomaten mit 1 Knoblauchzehe in den geben, **5 Sek. | Stufe 5** zerkleinern, mit dem nach unten schieben. Nun 700 g Suppengemüse in Stücken und 150 g Meersalz zufügen und alles **20 Sek. | Stufe 8** zerkleinern. Die Paste in sterile Gläser umfüllen und im Kühlschrank lagern.

Penne all'arrabbiata

00 30 std : min

LOW CARB LOW FAT

PRO PORTION: 542 KCAL | 18 G E | 17 G F | 78 G KH
ZUTATEN FÜR 4 PERSONEN

- 50 g Parmesan, in Stücken
- 1 Zwiebel, halbiert
- 2 Knoblauchzehen
- Blättchen von ½ Bund Petersilie
- ½ rote Chilischote
- 50 g natives Olivenöl extra
- 600 g heißes Wasser
- 400 g stückige Tomaten (Dose)
- ½ TL Salz
- 400 g Penne
- 3 Prisen frisch gemahlener schwarzer Pfeffer

1 Parmesan in den geben, **10 Sek. | Stufe 10** zerkleinern, umfüllen. Zwiebel, Knoblauch, Petersilie sowie Chilischote in den geben und **5 Sek. | Stufe 6** zerkleinern. Mit dem nach unten schieben. Olivenöl hinzufügen und alles für **5 Min. | 120°C** [TM31 bitte Varoma®] | **Stufe 3** ohne Messbecher andünsten.

2 Wasser mit stückigen Tomaten und Salz in den geben. **5 Min. | Varoma® | Stufe 2** aufkochen. Die Penne hinzufügen und nach der auf der Verpackung angegebenen Kochzeit zuzüglich **2 Min. | 100°C | | ** ohne Messbecher garen. Mit Pfeffer abschmecken, mit Parmesan bestreuen und sofort servieren.

MIT RINDE

Bei Parmesan könnt ihr die Rinde mit zerkleinern. Diese vorher gut abwaschen und den äußeren Teil mit einem Messer etwas abkratzen.

Foto: Alexandra Panella, Archiv (1)

Vegetarische Sauerkrautsuppe

00 | 30
std : min

LOW CARB · LOW FAT

PRO PORTION: 374 KCAL | 6 G E | 20 G F | 37 G KH
ZUTATEN FÜR 4 PERSONEN

- 60 g Cashewkerne, geröstet und gesalzen
- 1 TL Honig
- 200 g gegarte Maronen
- 1 Gemüsezwiebel, geviertelt
- 1 Knoblauchzehe
- 20 g Butterschmalz
- 2 TL Zucker
- 300 g Sauerkraut (Dose, alternativ Rezept Seite 68)
- 1 Apfel, in kleinen Stücken
- 1 Zimtstange
- 3 Gewürznelken
- 10 g Mehl Type 405
- 200 g Cidre (alternativ Apfelsaft)
- 800 g Wasser
- Salz
- 3 TL Gemüse-Gewürzpaste (Rezept Seite 33)
- 80 g Crème fraîche
- 1 Msp. Cayennepfeffer

1 Cashewkerne, Honig und 50 g Maronen in den geben und **6 Sek. | Stufe 4** zerkleinern, umfüllen. Gemüsezwiebel und Knoblauch in den geben **6 Sek. | Stufe 5** zerkleinern und mit dem nach unten schieben. Das Butterschmalz zugeben und den Zwiebel-Knoblauch-Mix **3 Min. | Varoma® | Stufe 1** ohne Messbecher dünsten. Zucker zugeben und **1 Min. | Varoma® | Stufe 1** mitdünsten.

2 Sauerkraut, Apfelstücke, Zimtstange und Gewürznelken zugeben und **1 Min. | Varoma® | | Stufe 1** dünsten. Mit Mehl bestäuben und erneut **1 Min. | Varoma® | | Stufe 1** dünsten.

3 Sauerkraut mit Cidre und Wasser ablöschen. Übrige Maronen, Salz und Gemüse-Gewürzpaste zugeben und alles zusammen **20 Min. | 100 °C | | Stufe 1** kochen. Zimtstange und Gewürznelken herausnehmen. Crème fraîche und Cayennepfeffer zur Suppe in den geben und **20 Sek. | Stufe 6–8–10** aufsteigend pürieren. Sauerkrautsuppe nach Belieben mit Salz und Pfeffer abschmecken und mit Cashew-Maronen-Bröseln bestreut servieren.

>TIPP Die perfekte Begleitung zu dieser würzigen Suppe ist ein saftiges Ciabatta! Unser Rezept auf Seite 68 ist ganz einfach gemixt.

Foto: Tina Bumann

MIT
XXL
TIPP

Linsensalat mit Paprika, Zuckerschoten und Mais

00 35 std : min

LOW CARB LOW FAT

PRO PORTION: 424 KCAL | 20 G E | 12 G F | 56 G KH

ZUTATEN FÜR 4 PERSONEN

- **1000 g Wasser**
- **250 g Pardina-Linsen**
- **2 rote Paprikaschoten, in Stücken**
- **4 Frühlingszwiebeln, in Stücken**
- **280 g Mais (Dose), abgetropft**
- **150 g Zuckerschoten, schräg in breite Streifen geschnitten**
- **Blättchen von 3 Stielen Basilikum zzgl. etwas mehr zum Garnieren**
- **Blättchen von ½ Bund Petersilie**
- **¼ rote Chilischote**
- **40 g Kräuteressig**
- **40 g natives Olivenöl extra**
- **20 g mittelscharfer Senf**
- **20 g Honig**
- **1 TL Salz**
- **2 Prisen frisch gemahlener schwarzer Pfeffer**

1 | Wasser mit Linsen in den Mixtopf geben und nach Packungsanweisung plus **6 Min. | 100 °C |** Linkslauf **|** Sanftrührstufe garen. Anschließend die Linsen durch den Garkorb abgießen und in eine Salatschüssel umfüllen.

2 | Die Paprikaschoten mit den Frühlingszwiebeln in den Mixtopf geben und **2–3 Sek. | Stufe 5** zerkleinern. Zerkleinertes Gemüse mit dem Mais und den Zuckerschoten zu den Linsen geben.

3 | Kräuter und Chilischote in den Mixtopf geben und **4 Sek. | Stufe 8** zerkleinern. Die übrigen Zutaten zugeben und das Dressing für **12 Sek. | Stufe 4** vermischen. Dressing über den Salatzutaten verteilen, mit dem Spatel unterheben und vor dem Servieren 10 Min. durchziehen lassen.

>XXL-TIPP Für eine XXL-Version dieses Rezeptes verwendet einfach die doppelte Menge der Zutaten. Achtung: Die Wassermenge zum Kochen der Linsen sollte nur um 100 g erhöht werden. Die Garzeit erhöht sich um 2 Minuten.

Foto: Tina Bumann

Zucchini-Mac-'n'-Cheese

00 30
std : min

LOW CARB LOW FAT

PRO PORTION: 560 KCAL | 25 G E | 24 G F | 57 G KH
ZUTATEN FÜR 4 PERSONEN

- 100 g Cheddar, in Stücken
- 100 g mittelalter Gouda, in Stücken
- 300 g Zucchini, in Stücken
- 1 Zwiebel, halbiert
- 20 g Rapsöl
- 300 g kurze Makkaroni
- 350 g heißes Wasser
- 1 TL Gemüse-Gewürzpaste (Rezept Seite 33)
- 2–3 Prisen Salz
- 200 g Milch
- 2 TL mittelscharfer Senf
- 2–3 Prisen Chiliflocken
- 3 EL Schnittlauchröllchen

1 | Cheddar und Gouda in den geben, **10 Sek.** | **Stufe 5** zerkleinern und umfüllen. Zucchini in den geben, **2 Sek.** | **Stufe 5** zerkleinern und umfüllen.

2 | Zwiebel in den geben, **3 Sek.** | **Stufe 5** zerkleinern und mit dem nach unten schieben. Öl und Makkaroni zugeben, **2 Min.** | **120 °C** [TM31 bitte Varoma®] | | andünsten und mit dem nach unten schieben.

3 | Heißes Wasser, Gewürzpaste und 2 Prisen Salz zugeben und **10 Min.** | **100 °C** | | garen. Zucchini, Milch, Käse, Senf und 2 Prisen Chiliflocken zugeben und **5 Min.** | **100 °C** | | **Stufe 2** fertig garen.

4 | Die Nudeln in eine Servierschale umfüllen, mit Salz und Chiliflocken abschmecken und mit Schnittlauchröllchen bestreut servieren.

>TIPP Das Gericht schmeckt auch überbacken sehr gut. Dafür gebt ihr es in eine Auflaufform, streut Käse darüber und gratiniert es 30 Minuten im vorgeheizten Backofen bei 200 °C Ober-/Unterhitze auf einem Rost auf der mittleren Schiene. Wenn ihr den Geschmack etwas kräftiger mögt, könnt ihr den Gouda auch durch Bergkäse ersetzen.

Foto: Jorma Gottwald

Garnelen und Lachs mit Wermutsoße

00 35
std : min

LOW CARB LOW FAT

PRO PORTION: 553 KCAL | 43 G E | 32 G F | 17 G KH
ZUTATEN FÜR 4 PERSONEN

- 12 rohe Black-Tiger-Garnelen, küchenfertig
- 600 g Lachsfilet, in Würfeln
- 2 Knoblauchzehen, angedrückt
- 1 rote Chilischote, in Ringen
- 4–5 Prisen Salz
- Abrieb von ½ unbehandelten Zitrone
- 20 g Zitronensaft
- 20 g natives Olivenöl extra
- 1 Bund Frühlingszwiebeln, in schrägen Stücken
- 200 g Erbsen (TK)
- 2 Schalotten
- 30 g Weißbrot, entrindet, in Stücken
- 100 g trockener Wermut
- 100 g Wasser
- 120 g Sahne
- 1 TL Gewürzpaste für Hühnerbrühe
- 2 Prisen Cayennepfeffer
- 10 Safranfäden

1 | Garnelen, Lachswürfel, Knoblauch und Chilischote in den Varoma® geben, mit 2 Prisen Salz, Zitronenabrieb, Zitronensaft und Olivenöl würzen und vorsichtig mit dem Spatel mischen. Frühlingszwiebeln darüber verteilen und mit 1 Prise Salz würzen. Einlegeboden einsetzen, Erbsen darauf verteilen und den Varoma® schließen.

2 | Schalotten und Weißbrot in den Mixtopf geben und **10 Sek. | Stufe 5** zerkleinern und mit dem Spatel nach unten schieben. Wermut, Wasser, Sahne, Gewürzpaste, Cayennepfeffer und Safran zugeben. Den Varoma® aufsetzen und **13 Min. | Varoma® | Stufe 1** garen.

3 | Varoma® absetzen, Messbecher einsetzen, **1 Min. | Stufe 10** pürieren und mit Salz abschmecken. Die Garnelen-Lachs-Mischung auf eine Servierplatte geben, Erbsen darüber verteilen und mit der Soße servieren.

>**TIPP** Den trockenen Wermut könnt ihr durch die gleiche Menge trockenen Weißwein ersetzen.

Foto: Jorma Gottwald

Seelachs mit Reis und Paprikasalsa

00 35 std : min

LOW CARB LOW FAT

PRO PORTION: 337 KCAL | 30 G E | 11 G F | 26 G KH
ZUTATEN FÜR 4 PERSONEN

- **1 Zwiebel, halbiert**
- **100 g Staudensellerie, in Stücken**
- **Blättchen von 8 Stielen Koriander**
- **1 rote Paprikaschote, in Stücken**
- **Abrieb und Saft von ½ unbehandelten Limette**
- **3 EL natives Olivenöl extra**
- **¼ TL Kreuzkümmelpulver**
- **1 TL Chiliflocken**
- **2 ½ TL Salz**
- **4 Prisen frisch gemahlener schwarzer Pfeffer**
- **4 Seelachsfilets (à 125 g)**
- **1200 g Wasser**
- **120 g Basmati-Wildreis-Mischung**

1 | Für die Salsa Zwiebel, Staudensellerie und Koriander in den Mixtopf geben, **5 Sek. | Stufe 5** zerkleinern und anschließend in eine Schale füllen.

2 | Paprika in den Mixtopf geben und **3 Sek. | Stufe 4,5** zerkleinern und zur Zwiebelmischung geben. Limettensaft und -abrieb, 2 EL Olivenöl, Kreuzkümmel, Chiliflocken, ½ TL Salz und 2 Prisen Pfeffer mit dem Spatel untermischen und abschmecken. Mixtopf spülen.

3 | Einlegeboden mit Backpapier auslegen und darauf achten, dass die Dampfschlitze am oberen Rand frei bleiben und nicht vom Backpapier verdeckt werden.

4 | Fisch rundherum mit dem restlichen Olivenöl einreiben, mit dem restlichen Pfeffer und 1 TL Salz würzen, auf den mit Backpapier belegten Einlegeboden geben, in den Varoma® einsetzen und verschließen.

5 | Wasser und 1 TL Salz in den Mixtopf geben und den Garkorb einhängen. Reis einwiegen, Varoma® aufsetzen und **20 Min. | 100 °C | Stufe 3** garen.

6 | Den Varoma® absetzen und auf einen Teller stellen, damit er nicht auf die Arbeitsplatte tropft. Reis und Fisch mit der Salsa auf Tellern anrichten und servieren.

>XXL-TIPP Ihr könnt den kreolischen Fisch ganz einfach auch für 6–8 Personen zubereiten. Einfach die Menge der Zutaten entsprechend anpassen und die Fischfilets in Varoma® sowie Einlegeboden verteilen. Die dünneren Stücke dabei auf den Einlegeboden legen und die dickeren nach unten in den Varoma®. Die Wassermenge bleibt gleich.

Foto: Sabine Büttner

MIT
XXL
TIPP

Rote-Bete-Dinkel-„Risotto" mit Kabeljau

00 30 std : min

LOW CARB LOW FAT

PRO PORTION: 503 KCAL | 40 G E | 16 G F | 46 G KH
ZUTATEN FÜR 4 PERSONEN

- **100 g Manchego, in Stücken**
- **350 g Rote Bete, in Stücken**
- **1 Zwiebel, halbiert**
- **15 g natives Olivenöl extra**
- **250 g Dinkel wie Reis**
- **1 Lorbeerblatt**
- **1 Streifen Zitronenschale (etwa 3 cm)**
- **2 TL Gemüse-Gewürzpaste (Rezept Seite 33)**
- **650 g Wasser**
- **4 Kabeljaufilets (à etwa 125 g)**
- **5 TL Zitronensaft**
- **Salz**
- **frisch gemahlener schwarzer Pfeffer**
- **4 kleine Zweige Rosmarin**
- **Abrieb von ½ unbehandelten Zitrone**

1 | Den Manchego in den Mixtopf geben, **10 Sek.** | **Stufe 9** zerkleinern und umfüllen. Die Rote Bete in den Mixtopf geben, **3 Sek.** | **Stufe 6** zerkleinern und ebenfalls umfüllen. Zwiebel im Mixtopf **5 Sek.** | **Stufe 5** zerkleinern und mit 10 g Olivenöl **2 Min.** | **Varoma®** | **Stufe 1** dünsten. Dinkel wie Reis zufügen und weitere **2 Min.** | **Varoma®** | Linkslauf | **Stufe 1** andünsten. Lorbeerblatt, Zitronenschale, Gemüse-Gewürzpaste sowie Wasser zugeben und alles **10 Min.** | **Varoma®** | Linkslauf | **Stufe 1** kochen.

2 | In der Zwischenzeit Varoma® und Einlegeboden mit Backpapier auslegen. Fischfilets mit je ½ TL Zitronensaft beträufeln und mit je ¼ TL Salz und etwas Pfeffer würzen. Filets im Varoma® und auf dem Einlegeboden verteilen. Je 1 Zweig Rosmarin und ¼ TL Zitronenschale auf die Filets legen. Restliches Olivenöl über den Fisch träufeln, Einlegeboden einsetzen und mit dem Deckel verschließen.

3 | Die Rote Bete zum Dinkel geben und mit dem Spatel durchrühren. Den Varoma® aufsetzen und alles **15 Min.** | **Varoma®** | Linkslauf | **Stufe 1** garen.

4 | Varoma® vorsichtig zur Seite stellen. Manchego, ¼ TL Salz sowie restlichen Zitronensaft zum Dinkel geben und **1 Min.** | **90 °C** | Linkslauf | **Stufe 2** vermischen. Anschließend das Dinkel-Rote-Bete-„Risotto" zusammen mit den Kabeljaufilets servieren.

> **TIPP** Dinkel wie Reis bekommt ihr inzwischen in allen Supermärkten, meist auch in der Drogerie und mit Glück beim Discounter. Ihr könnt Dinkel wie Reis jederzeit genau wie Reis kochen und kombinieren. Toll schmeckt er auch in einem Verhältnis von 1 : 1 mit Vollkornreis vermischt. Ihr könnt die zwei so als Grundlage für lauwarmen oder auch kalten Reissalat verwenden, genau wie für eure liebsten Reisgerichte.

7 TIPPS, WIE ALLES GELINGT

Fürs optimale Gelingen eurer Gerichte in Mixtopf, Garkorb und Varoma® haben wir die wichtigsten Tipps und Tricks für euch zusammengestellt

1 WAS GART WIE LANGE?

Zutaten, die empfindlich sind und eine kürzere Garzeit haben, sollten weiter oben im Thermomix® gegart werden. Beispiele dafür sind Fisch oder Zuckerschoten. Diese könnt ihr gut im Einlegeboden platzieren.
Etwas festeres Gemüse, das noch ein bisschen knackig bleiben soll oder von dem ihr eine größere Menge gart, könnt ihr wunderbar im Varoma® zubereiten.
Für Reis und Nudeln eignet sich der Garkorb, hier darauf achten, dass der Inhalt komplett mit Wasser bedeckt ist.

2 FLÜSSIGKEITEN

Zum Garen könnt ihr Wasser und Brühe verwenden – aus der ihr später eine leckere Soße zaubert – oder auch eine andere Flüssigkeit wie passierte Tomaten oder Kokosmilch. Dabei immer etwas zusätzliches Wasser hinzufügen, damit es nicht zu stark einkocht. Bei Flüssigkeiten auf Milchbasis müsst ihr aufpassen, dass nichts anbrennt.

3 PLATZ LASSEN

Überfüllt weder Garkorb noch Varoma®! Ist zu wenig Platz in den verschiedenen Etagen, kann der Dampf nicht zirkulieren und das Gargut gart ungleichmäßig durch. Bei größeren Mengen von beispielsweise Gemüse könnt ihr es nach der Hälfte der Garzeit einmal umrühren, damit es wirklich gleichmäßig gegart wird.

4 UMRÜHREN

Wenn der Garkorb belegt ist, könnt ihr auch im Mixtopf Nudeln, Kartoffeln oder Reis zubereiten. Achtet aber darauf, dass ihr die Rührstufe nicht zu hoch einstellt. Am besten stets die Linkslauf auswählen, damit das Gargut nicht zerkleinert oder matschig wird. Wenn ihr eine „Welle" habt, bleiben euch diese Sorgen erspart – so garen auch empfindliche Zutaten im Mixtopf, ohne mit dem Messer in Berührung zu kommen.

5 NACHSTAPELN

Wird im Garkorb etwas mit längerer Kochzeit gegart, könnt ihr problemlos nach einiger Zeit den Varoma® aufsetzen, um z. B. zusätzlich Gemüse zu garen. Unser Tipp: Stellt anfangs nur einen Teil der benötigten Garzeit ein, setzt danach den Varoma® auf und stellt die restliche Zeit ein – so könnt ihr nicht vergessen, den Varoma® rechtzeitig aufzusetzen.

6 WARM HALTEN

Muss die Soße noch etwas einkochen, alles andere ist aber schon fertig? Garkorb und Varoma® können für einige Minuten (ohne Deckel) auf den Mixtopf gestellt werden, so wird ihr Inhalt noch sanft durch den aufsteigenden Dampf warm gehalten, aber nicht weiter gegart.

7 TROPFGEFAHR

Bedenkt, dass Garflüssigkeit aus dem Varoma® nach unten tropfen kann. Wenn ihr z. B. im Varoma® Fisch dämpfen wollt, einer der Gäste jedoch keinen Fisch mag, legt auf jeden Fall Garpapier oder zugeschnittenes Backpapier darunter.

ZUBEREITUNG NACH BELIEBEN

Wie werden Grundzutaten wie Reis, Gemüse und Fleisch gekocht, dampfgegart oder geschmort? Aus dieser Tabelle könnt ihr die Informationen für eure eigenen Kreationen einfach entnehmen!

ZUTAT	FUNKTION	MENGE	FORM	ZEIT & STUFE	Z. B. FÜR
Reis	KOCHEN	1200 g Wasser + bis zu 300 g Reis	im Garkorb; unter fließendem Wasser abgespült	**20 Min. | 100 °C | Stufe 3,5 garen**	Beilage
Nudeln	KOCHEN	1300 g Wasser + bis zu 350 g Nudeln (im Garkorb bis zu 250 g)	ggf. Garkorb oder Welle einsetzen	gesalzenes Wasser **10 Min. | 100 °C | Stufe 1** aufkochen, Nudeln **nach Packungsangabe | 100 °C | ↺ | Stufe 1 garen**	Grundzutat oder Beilage
Kartoffeln	DAMPFGAREN	bis 750 g (Garkorb) bis 2000 g (Varoma®)	im Ganzen	**35–45 Min. | Varoma® | Stufe 2**	Pellkartoffeln
festes Gemüse (z. B. Karotten)	KOCHEN	700 g Gemüse + 800 g Wasser	in Stücken	**20–25 Min. | 100 °C | ↺ | Stufe 1**	Suppe
	DAMPFGAREN	700 g Gemüse + 500 g Wasser	Garkorb oder Varoma®; in Stücken	**20–30 Min. | Varoma® | Stufe 1**	Beilage
weiches Gemüse (z. B. Brokkoli, Zucchini, Pilze)	KOCHEN	700 g Gemüse + 800 g Wasser	in Stücken	**15 Min. | 100 °C | ↺ | Stufe 3**	Cremesuppe
	GAREN, IN SOSSE	300 g Gemüse	in Stücken	**5 Min. | 100 °C | ↺ | Stufe 2**	Soße
	DAMPFGAREN	700 g Gemüse + 500 g Wasser	Garkorb oder Varoma®; in Stücken	**15–20 Min. | Varoma® | Stufe 1**	Beilage
Fleisch	DAMPFGAREN	bis 1200 g + 500 g Wasser	im Ganzen (Filets)	**25–30 Min. | Varoma® | Stufe 1**	Fleisch-beilage
		bis 1600 g + 1000 g Wasser	im Ganzen (Poularde)	**75–80 Min. | Varoma® | Stufe 1**	
	DAMPFGAREN	bis 800 g + 500 g Wasser	in Stücken oder Streifen	**20–25 Min. | Varoma® | Stufe 1**	Salat
	SCHMOREN	600 g Fleisch + 1000 g Flüssigkeit	in Stücken	**1 Std. | 100 °C | ↺ | Stufe 1**	Eintopf
Fisch	DAMPFGAREN	z. B. 4 Filets (à 125 g)	Filet (bei TK-Fisch + 10 Min. Garzeit)	**20–25 Min. | Varoma® | Stufe 2**	Hauptgericht oder Beilage

Fotos: Archiv (1); Anna Gieseler (1) | Illustrationen: Archiv

FLEISCH

Hähnchen mit Spätzle und Tomaten-Sahne-Soße

Reistopf mit Huhn

Kartoffelsuppe mit Cheddar und Speck

Quinoatopf mit Pute und Pilzen

Gedämpfte Hähnchenbällchen

Paprika-Ananas-Sauerkraut mit Kasseler

Kräutermedaillons auf Bouillongemüse

Penne mit Spinat-Käse-Soße

GEMÜSE

Vegetarisches Low-Carb-Curry

Gefüllte Tomaten

Salbeipolenta mit Gremolata

Mediterrane Tomatensuppe

Gemüse-Eierstich-Suppe

Ratatouille mit Schafskäse

FISCH

Lachsbällchen auf Spinatrahm

Kabeljau mit Sellerie-Kartoffel-Stampf und Paprikasalsa

Forelle mit Kartoffel-Gurken-Gemüse

Lachs mit Rosenkohl und Senfsoße

Grünkohlcurry mit Garnelen

Foto: siehe Rezeptseite | Illustrationen: Archiv (1)

GUTES ZUM MITTAG

Saftiges Fleisch, knackiges Gemüse und zarter Fisch

UNTER 60 MINUTEN

Hähnchen mit Spätzle und Tomaten-Sahne-Soße

00 40
std : min

LOW CARB LOW FAT

PRO PORTION: 581 KCAL | 38 G E | 28 G F | 40 G KH
ZUTATEN FÜR 4 PORTIONEN

- **50 g Röstzwiebeln**
- **500 g Hähnchenbrustfilet, in groben Streifen**
- **1 TL Salz**
- **½ TL frisch gemahlener schwarzer Pfeffer**
- **1 EL edelsüßes Paprikapulver**
- **60 g natives Olivenöl extra**
- **400 g Spätzle (Kühlregal, alternativ Rezept Seite 68)**
- **2 Knoblauchzehen**
- **800 g stückige Tomaten (Dose)**
- **2 Prisen Zucker**
- **50 g Sahne**

1 | 30 g Röstzwiebeln in den Mixtopf geben, **8 Sek.** | **Stufe 10** zerkleinern und umfüllen. Fleisch mit ½ TL Salz, ½ TL Pfeffer, Paprikapulver und 30 g Öl in einer Schale mischen und im Varoma® verteilen. Spätzle auf dem Einlegeboden verteilen, in den Varoma® einsetzen und verschließen.

2 | Knoblauch in den Mixtopf geben, **5 Sek.** | **Stufe 5** zerkleinern und mit dem Spatel nach unten schieben. Restliches Öl zugeben und ohne Messbecher **5 Min.** | **120°C** [TM31 bitte Varoma®] | **Stufe 1** dünsten.

3 | Tomaten, restliches Salz, Zucker und die zerkleinerten Röstzwiebeln zugeben, Varoma® aufsetzen und **18 Min.** | **Varoma®** | **Stufe 1** garen. Den Varoma® absetzen und auf einen Teller stellen. Sahne in den Mixtopf zugeben und **2 Min.** | **100°C** | **Stufe 1** garen. Soße abschmecken. Umfüllen, mit Spätzle und Fleisch anrichten, mit den restlichen Röstzwiebeln bestreuen und servieren.

Foto: Jorma Gottwald

Reistopf mit Hähnchen

00 40 std : min

LOW CARB LOW FAT

PRO PORTION: 553 KCAL | 32 G E | 27 G F | 42 G KH
ZUTATEN FÜR 4 PERSONEN

- **20 g Mandelkerne**
- **Blättchen von ½ Bund Petersilie**
- **2 kleine Knoblauchzehen**
- **1¼ TL Salz**
- **90 g natives Olivenöl extra**
- **2 Zwiebeln, halbiert**
- **1 rote Paprikaschote, in Stücken**
- **180 g Basmatireis**
- **50 g Tomatenmark**
- **650 g Geflügelfond**
- **400 g Hähnchenbrustfilets, in Stücken**
- **1 TL Chiliflocken**
- **1 TL getrockneter Oregano**
- **250 g Zucchini, längs geviertelt, in Stücken**
- **4 Prisen frisch gemahlener schwarzer Pfeffer**

1 | Die Mandeln in einer Pfanne ohne Fett anrösten und vollständig abkühlen lassen. Petersilie, geröstete Mandeln sowie 1 Knoblauchzehe in den geben, **5 Sek.** | **Stufe 6** zerkleinern, umfüllen. ¼ TL Salz und 70 g Olivenöl zur Petersilien-Mandel-Mischung geben, mit dem untermischen und zur Seite stellen. spülen.

2 | Zwiebeln, Paprika und 1 Knoblauchzehe in den geben, **3 Sek.** | **Stufe 5** zerkleinern und mit dem nach unten schieben. 20 g Olivenöl zugeben und ohne Messbecher **5 Min.** | **120 °C** **[TM31 bitte Varoma®]** | | **Stufe 2** dünsten.

3 | Reis und Tomatenmark zugeben und ohne Messbecher **2 Min.** | **120 °C** **[TM31 bitte Varoma®]** | | **Stufe 1** dünsten. Geflügelfond, Fleisch, restliches Salz, Chiliflocken und ½ TL Oregano zugeben und **8 Min.** | **100 °C** | | **Stufe 1** garen. Die Zucchinistücke zugeben und **7 Min.** | **100 °C** | | **Stufe 1** garen. Den Reistopf mit ½ TL Oregano und Pfeffer würzen, abschmecken und umfüllen. Mit dem Petersilien-Knoblauch-Öl beträufeln und servieren.

>**TIPP** Wenn Kinder mitessen, ersetzt die Chiliflocken durch einen Teelöffel edelsüßes Paprikapulver.

Foto: Jorma Gottwald

Kartoffelsuppe mit Cheddar und Speck

00 40 std : min

LOW CARB LOW FAT

PRO PORTION: 546 KCAL | 20 G E | 35 G F | 40 G KH

ZUTATEN FÜR 4 PERSONEN

- ★ 1 Zwiebel, halbiert
- ★ 1 Karotte, in Stücken
- ★ 120 g Knollensellerie, gewürfelt
- ★ 20 g Butter
- ★ 800 g mehligkochende Kartoffeln, geschält und in Stücken
- ★ 900 g Wasser
- ★ 2 TL Gemüse-Gewürzpaste (Rezept Seite 33)
- ★ 1 EL Rapsöl
- ★ 120 g Schinkenspeck, in Würfeln
- ★ 1 TL Salz
- ★ ¼ TL frisch gemahlener schwarzer Pfeffer
- ★ 1 Msp. frisch geriebene Muskatnuss
- ★ 200 g Sahne
- ★ 120 g geriebener Cheddar
- ★ Blättchen von 3 Stielen Petersilie

1 | Zwiebel in den geben und **5 Sek.** | **Stufe 5** zerkleinern. Karotte und Sellerie hinzufügen und **5 Sek.** | **Stufe 8** zerkleinern. Alles mit dem nach unten schieben. Anschließend die Butter zugeben und ohne Messbecher **3 Min.** | **100 °C** | **Stufe 1** glasig dünsten.

2 | Kartoffeln, Wasser und Gewürzpaste in den einwiegen und **25 Min.** | **100 °C** | **Stufe 1** kochen. Inzwischen in einer Pfanne das Öl erhitzen und die Speckwürfel kross ausbraten.

3 | Kartoffeln **25 Sek.** | **Stufe 6** pürieren. Salz, Pfeffer, Muskat, Sahne und 50 g Cheddar zugeben, **4 Min.** | **90 °C** | | **Stufe 2** unterrühren und abschmecken. Nach Belieben mit etwas Wasser strecken. Suppe auf Tellern anrichten und mit restlichem Cheddar, Speckwürfeln und Petersilie bestreut servieren.

>TIPP Wenn ihr keinen geriebenen Cheddar findet, könnt ihr einfach vor dem ersten Schritt 120 g gewürfelten Cheddar **5 Sek.** | **Stufe 8** zerkleinern. Alternativ passt auch Bergkäse.

Quinoatopf mit Pute und Pilzen

00 45 std : min

LOW CARB LOW FAT

PRO PORTION: 640 KCAL | 41 G E | 29 G F | 59 G KH
ZUTATEN FÜR 4 PERSON

- ★ Blättchen von ½ Bund Petersilie
- ★ 1 Zwiebel, halbiert
- ★ 1 Knoblauchzehe
- ★ 15 g Ingwer
- ★ 10 g natives Olivenöl extra
- ★ 200 g Staudensellerie, in Stücken
- ★ 2 Tomaten, geviertelt
- ★ 400 g Putengeschnetzeltes
- ★ 1½ TL Kurkumapulver
- ★ 1 TL Kreuzkümmelpulver
- ★ 1½ TL Korianderpulver
- ★ 2 Msp. Cayennepfeffer
- ★ 200 g Champignons, halbiert und in Scheiben
- ★ 300 g Erbsen (TK)
- ★ 200 g Quinoa
- ★ 400 g Kokosmilch (Dose)
- ★ 300 g Wasser
- ★ 1½ TL Gemüse-Gewürzpaste (Rezept Seite 33)
- ★ 1 TL Salz
- ★ ¼ TL frisch gemahlener schwarzer Pfeffer

1 | Petersilie in den geben, **3 Sek.** | **Stufe 8** zerkleinern und umfüllen. Zwiebel, Knoblauch und Ingwer in den geben, **5 Sek.** | **Stufe 6** zerkleinern. Mit dem nach unten schieben. Öl zugeben, **2 Min.** | **100°C** | **Stufe 2** dünsten.

2 | Sellerie, Tomaten sowie Putengeschnetzeltes und die Gewürze zufügen und **8 Min.** | **Varoma®** | | **Stufe 0,5** ohne Messbecher dünsten, dabei den Garkorb als Spritzschutz auf den Deckel stellen.

3 | In der Zwischenzeit Champignons und Erbsen in den Varoma® füllen, diesen mit dem Deckel verschließen. Quinoa waschen und zusammen mit den restlichen Zutaten in den geben. Alles mit dem kurz umrühren. Den Varoma® aufsetzen und **22 Min.** | **Varoma®** | | **Stufe 2** garen. Anschließend Gemüse unter den Quinoa heben, Quinoatopf auf tiefe Teller verteilen und mit der Petersilie bestreut servieren.

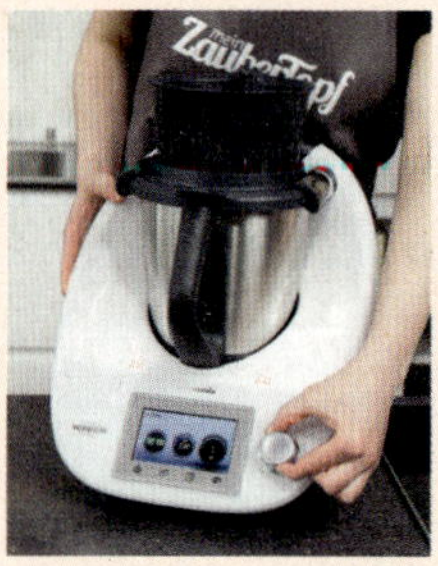

>TIPP Ist der Garkorb als Sprizschutz aufgesetzt, kann durch die Schlitze Flüssigkeit verdampfen, Lebensmittelreste jedoch nicht durch die Deckelöffnung spritzen.

Foto: Alexandra Panella; Archiv (1)

Gedämpfte Hähnchenbällchen

00 50
std : min

LOW CARB LOW FAT

PRO PORTION: 456 KCAL | 38 G E | 11 G F | 46 G KH
ZUTATEN FÜR 4 PERSONEN

- 150 g Klebreis
- Wasser zum Einweichen
- Blättchen von ½ Bund Koriander
- 20 g Ingwer, in Scheiben
- 1 kleine Knoblauchzehe
- 1 rote Chilischote, entkernt
- 600 g Hähnchenbrustfilet, in Stücken
- 2 TL Salz
- 4 Prisen frisch gemahlener schwarzer Pfeffer
- 25 g grüne Currypaste (alternativ Rezept Seite 68)
- 2 EL Tomatenmark
- 1½ EL brauner Zucker
- 2 EL Limettensaft
- 700 g Wasser
- 40 g Rapsöl
- 200 g Ananas, in Stücken

1 | Reis 10 Min. in reichlich kaltem Wasser einweichen, in ein Sieb abgießen, abtropfen lassen und auf Küchenpapier trocken tupfen. Koriander, Ingwer, Knoblauch und Chili in den Mixtopf geben, **5 Sek. | Stufe 6** zerkleinern und umfüllen.

2 | 300 g Hähnchenbrustfilet in den Mixtopf geben, **10 Sek. | Stufe 6** zerkleinern und umfüllen. Restliche 300 g Hähnchenbrustfilet in den Mixtopf geben und ebenfalls **10 Sek. | Stufe 6** zerkleinern.

3 | Zerkleinertes Fleisch, Koriandermischung, 1 ½ TL Salz und 2 Prisen Pfeffer zum Fleisch in den Mixtopf geben, **1 Min. |** Teigstufe verkneten und umfüllen. Aus der Hackmischung mit angefeuchteten Händen 20 Bällchen formen. Mixtopf spülen.

4 | Einlegeboden mit Backpapier auslegen, dabei darauf achten, dass die Dampfschlitze am oberen Rand frei bleiben. Die Bällchen in den Reiskörnern wälzen, leicht andrücken und nebeneinander auf den Einlegeboden geben. In den Varoma® einsetzen, verschließen und beiseitestellen.

5 | Curry-Paste, Tomatenmark, Zucker, Limettensaft, 100 g Wasser, Öl, ½ TL Salz, 2 Prisen Pfeffer und Ananas in den Mixtopf geben, **30 Sek. | Stufe 5** zerkleinern und umfüllen. Mixtopf spülen. 600 g Wasser in den Mixtopf geben, Varoma® aufsetzen und **18 Min. | Varoma® | Stufe 2** dampfgaren.

6 | Den Varoma® absetzen und auf einen Teller stellen. Die gedämpften Hähnchen-Bällchen zusammen mit der Currysoße anrichten und servieren.

Foto: Jorma Gottwald

Paprika-Ananas-Sauerkraut mit Süßkartoffeln und Kasseler

00 45
std : min

LOW CARB LOW FAT

PRO PORTION: 445 KCAL | 33 G E | 13 G F | 41 G KH
ZUTATEN FÜR 4 PERSONEN

- **400 g Sauerkraut (Dose, alternativ Rezept Seite 68)**
- **435 g Ananasstücke (Dose)**
- **400 g Süßkartoffeln, in Würfeln**
- **1 EL natives Olivenöl extra**
- **Salz**
- **½ TL rosenscharfes Paprikapulver**
- **½ TL edelsüßes Paprikapulver**
- **4 Scheiben Kasseler (à 150 g)**
- **1 Zwiebel, halbiert**
- **1 gelbe Paprikaschote, in Stücken**
- **10 g Butter**
- **1 TL getrockneter Majoran**
- **300 g Wasser**
- **1 TL Gemüse-Gewürzpaste (Rezept Seite 33)**
- **¼ TL frisch gemahlener schwarzer Pfeffer**
- **½ TL brauner Zucker**
- **1 Lorbeerblatt**

1 | Sauerkraut abtropfen lassen und die Flüssigkeit dabei auffangen. Ananas ebenfalls abtropfen lassen und Flüssigkeit auffangen. Süßkartoffeln mit Öl, 2 Prisen Salz, rosenscharfem Paprikapulver und edelsüßem Paprikapulver mischen. Rühraufsatz in den Varoma® legen, damit die Luft zirkulieren kann. Süßkartoffeln hineinlegen, Einlegeboden einsetzen, Kasseler darauf verteilen und Varoma® verschließen.

2 | Zwiebel und gelbe Paprikaschote in den geben, **4 Sek. | Stufe 4,5** zerkleinern und mit dem nach unten schieben. Butter und Majoran zugeben und **3 Min. | Varoma® | Stufe 0,5** dünsten.

3 | Abgetropftes Sauerkraut, abgetropfte Ananas, 100 g aufgefangenen Sauerkrautsaft, 100 g aufgefangenen Ananassaft, Wasser, Gewürzpaste, 1 gestrichenen TL Salz, Pfeffer, braunen Zucker und Lorbeerblatt zugeben. Varoma® aufsetzen und **25 Min. | Varoma® | | Stufe 1** garen.

4 | Anschließend den Varoma® absetzen, das Paprika-Ananas-Sauerkraut abschmecken, mit Süßkartoffeln und Kasseler anrichten und servieren.

>**TIPP** Mittelscharfer Senf ist die perfekte Ergänzung zu diesem Gericht!

Foto: Jorma Gottwald

Kräutermedaillons auf Bouillongemüse

00 45 std : min

LOW CARB LOW FAT

PRO PORTION: 366 KCAL | 36 G E | 9 G F | 29 G KH
ZUTATEN FÜR 4 PERSONEN

- **1 Schweinefilet, in 8 Medaillons (à ca. 70 g)**
- **Abrieb von 1 unbehandelten Zitrone**
- **Blättchen von 1 Bund Kerbel oder Petersilie**
- **½ Bund Schnittlauch, in feinen Röllchen**
- **1 Beet Kresse**
- **1 Zwiebel, halbiert**
- **30 g Butter**
- **Salz**
- **2 Prisen frisch gemahlener schwarzer Pfeffer**
- **500 g Kartoffeln, geschält und in Stücken**
- **2 Lorbeerblätter, mehrfach eingeschnitten**
- **1 TL Gemüse-Gewürzpaste (Rezept Seite 33)**
- **450 g Wasser**
- **300 g schmale Karotten, in Stücken**
- **350 g Kohlrabi, in Stücken**

1 Die Schweinemedaillons nebeneinanderliegend Zimmertemperatur annehmen lassen. Zitronenabrieb, Kerbel oder Petersilie in den Mixtopf geben und **5 Sek. | Stufe 6** zerkleinern. Schnittlauch und Kresse mithilfe des Spatels untermischen und in einen tiefen Teller umfüllen.

2 Zwiebel in den Mixtopf geben, **5 Sek. | Stufe 5** zerkleinern und mit dem Spatel nach unten schieben. Butter zugeben und **3 Min. | 120°C [TM31 bitte Varoma®] | Stufe 1** dünsten. Schweinemedaillons rundum mit 3 Prisen Salz und 2 Prisen Pfeffer würzen und in den Varoma® legen. Varoma® verschließen. Kartoffeln, Lorbeer, Gewürzpaste, ½ TL Salz und Wasser in den Mixtopf zugeben und **12 Min. | 100°C | Linkslauf | Sanftrührstufe** aufkochen. Anschließend Karotten und Kohlrabi zugeben, den Varoma® aufsetzen und **12 Min. | Varoma® | Linkslauf | Sanftrührstufe** kochen.

3 Varoma® absetzen und auf einen Teller stellen. Bouillongemüse abschmecken. Medaillons aus dem Varoma® nehmen, rundum in den Kräutern wälzen und diese gut andrücken. Medaillons auf tiefen Tellern mit Bouillongemüse anrichten und servieren. Übrige Kräuter dazu reichen.

Foto: Jorma Gottwald

Penne mit Spinat-Käse-Soße

00 40
std : min

LOW CARB LOW FAT

PRO PORTION: 1067 KCAL | 47 G E | 58 G F | 83 G KH
ZUTATEN FÜR 4 PERSONEN

- **100 g Parmesan, in Stücken**
- **Abrieb und Saft von 1 unbehandelten Zitrone**
- **40 g Rauchmandeln**
- **1200 g Wasser**
- **2½ TL Salz**
- **440 g kurze Nudeln**
- **300 g Sahne**
- **6 Prisen frisch gemahlener schwarzer Pfeffer**
- **1 TL Gemüse-Gewürzpaste (Rezept Seite 33)**
- **200 g Sahneschmelzkäse**
- **600 g Blattspinat (TK), aufgetaut und gut ausgedrückt**
- **4 Scheiben gekochter Schinken, in Streifen**
- **½ TL Chiliflocken**

1 Parmesan und Zitronenabrieb in den Mixtopf geben, **10 Sek. | Stufe 10** zerkleinern und umfüllen. Mandeln in den Mixtopf geben, **5 Sek. | Stufe 6** zerkleinern und umfüllen.

2 Wasser in den Mixtopf geben, **10 Min. | Varoma® | Stufe 1** aufkochen. 1 ½ TL Salz und Nudeln in den Mixtopf geben und ohne Messbecher in der auf der Packung angegebenen Zeit bei **100°C | Linkslauf | Stufe 1** bissfest garen. Nudeln in den Varoma® abgießen, dabei 100 g Nudelwasser auffangen, abgedeckt beiseitestellen.

3 Sahne, 1 TL Salz, Pfeffer, 50 g Nudelwasser, Gewürzpaste und Schmelzkäse in den Mixtopf geben und ohne Messbecher **10 Min. | 100°C | Stufe 2** aufkochen.

4 Soße mit Zitronensaft abschmecken. Parmesan-Zitronenabrieb-Mischung, Spinat, Nudeln und Schinken zugeben und **1 Min. | 100°C | Linkslauf | Stufe 1** untermischen. Eventuell etwas Nudelwasser zugeben. Die Pasta auf vier Tellern anrichten, mit Mandeln und Chiliflocken bestreut servieren.

Foto: Jorma Gottwald

Basis REZEPTE

ZUR BEGLEITUNG

Unsere Basisrezepte könnt ihr zur Ergänzung aller Hauptgerichte zubereiten: Schnelles Ciabatta serviert ihr zu Eintöpfen und Suppen, selbst gemachter Vanillezucker verfeinert eure Desserts und die Currypaste all eure Currys …

Blitz-Ciabatta

00 35 std : min

PRO SCHEIBE: 102 KCAL | 3 G E | 2 G F | 19 G KH

ZZGL. 45 MIN. RUHEZEIT

500 g Mehl, 1 TL Zucker, 10 g Salz, 1 Päckchen Trockenhefe, 30 g natives Olivenöl extra sowie 350 g lauwarmes Wasser in den geben und **2 Min. |** verkneten. Den Teig abgedeckt an einem warmen Ort etwa 45 Min. gehen lassen. In der Zwischenzeit ein Blech mit Backpapier belegen und den Ofen auf 180 °C Ober-/Unterhitze vorheizen. Den sehr klebrigen Teig mithilfe des quer auf das Blech geben, sodass ein länglich-ovaler Laib entsteht. Das Ciabatta 25–30 Min. hellgelb backen, aus dem Ofen nehmen und auf einem Rost abkühlen lassen. Noch warm oder kalt servieren.

Spätzle

00 30 std : min

PRO PORTION: 430 KCAL | 17 G E | 7 G F | 76 G KH

4 Eier mit 400 g Mehl, 1 TL Salz und 120 g Wasser **2 Min. |** zu einem glatten Teig verarbeiten. Kurz ruhen lassen. Topf mit 2 l Wasser und 1 TL Salz zum Kochen bringen. Spätzleteig portionsweise durch den Varoma® in das kochende Salzwasser schaben, alternativ Presse benutzen. Sobald die Spätzle an der Oberfläche schwimmen, mit einer Schaumkelle herausnehmen und abtropfen lassen. Das Rezept ergibt 4 Portionen.

Vanillezucker

00 05 std : min

PRO 30 G: 120 KCAL | 0 G E | 0 G F | 30 G KH

1 Vanilleschote, in Stücken, mit 200 g Zucker in den geben und **20 Sek. | Stufe 10** pulverisieren. In ein Schraubglas füllen, trocken aufbewahren, nach Bedarf verwenden.

Sauerkraut

00 30 std : min

PRO PORTION: 75 KCAL | 3 G E | 0 G F | 18 G KH

ZZGL. 15 TAGE ZIEHZEIT

Ca. ¼ von 2000 g Weißkohl, in groben Stücken, und 2 Stiele Dill in den geben, **4 Sek. | Stufe 4,5** zerkleinern und in eine große Schüssel umfüllen. Restlichen Weißkohl auf die gleiche Weise zerkleinern und in die Schüssel dazu geben. 25 g Salz und 1–2 EL Kümmelsamen zufügen, alles mit den Händen gut verkneten, bis Saft austritt. Die Mischung in 2 sterile Gläser (à 800 ml) füllen, dabei sehr eng zusammenpressen. Oberfläche mit Frischhaltefolie abdecken, dann die Gläser mit Deckeln verschließen. Die Gläser nebeneinander in einen großen Behälter stellen. Kohl bei Raumtemperatur (18–20 °C) rund 5 Tage gären lassen, bis keine Flüssigkeit mehr austritt. Dann noch etwa 10 Tage an einem kühlen Ort ziehen lassen. Sauerkraut roh genießen oder angeschmort als Beilage servieren, 1 Glas reicht für 4 Personen.

>TIPP Ungeöffnet, kühl und dunkel gelagert ist das Sauerkraut etwa 6 Monate haltbar.

Gelbe Currypaste

00 15 std : min

PRO 30 G: 100 KCAL | 2 G E | 6 G F | 6 G KH

10 g Korianderkörner, 10 g Kreuzkümmelpulver, 1 Zimtstange, 5 g Pfefferkörner, 5 g Nelken, 8 Kardamomkapseln sowie 5 g Fenchelsamen in den geben, **1 Min. | Stufe 8** zerkleinern und umfüllen. 150 g Zwiebeln, halbiert, 2–3 Knoblauchzehen, 1–2 rote Chilischoten, in Ringen, sowie 80 g frischen Ingwer, in kleinen Stücken, in den geben und **3 Sek. | Stufe 8** zerkleinern. Mit dem nach unten schieben. Dann erneut **3 Sek. | Stufe 8** zerkleinern. Die zerkleinerten Gewürze, ½ TL Salz, 10 g Kurkumapulver sowie 30 g Rapsöl zufügen und **3 Min. | 100 °C | Stufe 2** dünsten. In sterile, verschließbare Gläser füllen und kühl und dunkel lagern. Innerhalb von 1 Monat verbrauchen.

Vegetarisches Low-Carb-Curry

01 00 std : min

LOW CARB LOW FAT

PRO PORTION: 529 KCAL | 22 G E | 36 G F | 22 G KH
ZUTATEN FÜR 4 PERSONEN

- ★ 20 g Ingwer, in Scheiben
- ★ 1 rote Chilischote, in Stücken
- ★ 1 Knoblauchzehe
- ★ 1 TL Kreuzkümmelsamen
- ★ 2 Zwiebeln, halbiert
- ★ 30 g Ghee oder Rapsöl
- ★ 2 TL Currypulver
- ★ 300 g Karotten, in Scheiben
- ★ 80 g Cashewkerne
- ★ 400 g stückige Tomaten (Dose)
- ★ 300 g Wasser
- ★ Salz
- ★ 400 g Blumenkohl, in Röschen
- ★ 300 g grüne Bohnen (TK), in Stücken
- ★ 300 g Feta
- ★ Blättchen von 1 Bund Koriander

1 | Ingwer, Chili, Knoblauch und Kreuzkümmel in den Mixtopf geben, **5 Sek. | Stufe 6** zerkleinern und mit dem Spatel nach unten schieben. Zwiebeln zugeben, **5 Sek. | Stufe 5** zerkleinern und mit dem Spatel nach unten schieben. Ghee und Currypulver zufügen und **3 Min. | Varoma® | Stufe 1** dünsten. Karotten und 40 g Cashewkerne zugeben und **3 Min. | Varoma® | Linkslauf | Stufe 1** dünsten. Tomaten, Wasser und ½ TL Salz zufügen und **5 Min. | 100 °C | Linkslauf | Stufe 1** kochen.

2 | Varoma® aufsetzen, den Blumenkohl einwiegen und mit 3 Prisen Salz würzen. Varoma® verschließen und **10 Min. | Varoma® | Linkslauf | Stufe 1** garen. Bohnen in den Varoma® geben, mit dem Spatel unter den Blumenkohl heben und mit 2 Prisen Salz würzen. Einlegeboden einsetzen, den Feta daraufgeben, Varoma® verschließen und für weitere **10 Min. | Varoma® | Linkslauf | Stufe 1** garen.

3 | Varoma® absetzen und die Bohnen-Blumenkohl-Mischung in eine vorgewärmte große Servierschüssel geben. Die Tomaten-Karotten-Mischung abschmecken und mit dem Spatel unterheben. Feta mit dem Spatel in Stücke teilen und auf dem Curry verteilen, mit Koriander und den restlichen Cashewkernen bestreuen und servieren.

Gefüllte Tomaten

00 40
std : min

LOW CARB LOW FAT

PRO PORTION: 218 KCAL | 13 G E | 16 G F | 6 G KH

ZUTATEN FÜR 8 PERSONEN

- **8 Ochsenherztomaten mit Grün oder ggf. große Fleischtomaten**
- **50 g Pecorino, in Stücken**
- **1 Knoblauchzehe**
- **40 g natives Olivenöl extra**
- **500 g Wasser**
- **300 g Blattspinat**
- **250 g Ricotta**
- **Salz**
- **frisch gemahlener schwarzer Pfeffer**
- **Blättchen von ½ Bund Basilikum**
- **2 Mozzarellakugeln, in Würfeln**
- **2 TL Balsamicoessig-Creme**

1 | Den Deckel von den Tomaten abschneiden und den Stielansatz entfernen. Das Fruchtfleisch mit einem Löffel herauskratzen und 3 EL davon für später in einer Schüssel beiseitestellen. Für die Spinat-Ricotta-Füllung den Pecorino in den geben, **10 Sek. | Stufe 10** zerkleinern und umfüllen.

2 | Knoblauchzehe in den geben und **2 Sek. | Turbo** hacken. Mit dem nach unten schieben. 20 g Öl zugeben und **3 Min | 100°C | Stufe 2** dünsten. Umfüllen und spülen. Wasser in den füllen.

3 | Den frischen Blattspinat im Varoma® verteilen und **15 Min. | Varoma® | Stufe 2** garen. Wasser aus dem gießen und den Blattspinat hineingeben, **7 Sek. | Stufe 5** zerkleinern. Mit dem nach unten schieben. Pecorino, Ricotta, ½ TL Salz, 4 Prisen Pfeffer und Knoblauch-Öl-Mischung hinzugeben und alles **10 Sek. | Stufe 3** vermengen. Die Ricotta-Spinat-Füllung in vier der Tomaten füllen und den Deckel wieder draufsetzen.

4 | Für die Basilikum-Mozzarella-Füllung das Basilikum in den geben und **4 Sek. | Stufe 5** zerkleinern. Das Innere der ausgehöhlten Tomaten, Mozzarella, Balsamico-Creme, übrige 20 g Öl, ½ TL Salz und 4 Prisen Pfeffer hinzufügen und alles **10 Sek. | Stufe 2** vermengen. Die Masse in die restlichen vier Tomaten füllen und ebenfalls den Deckel aufsetzen.

>TIPP Die gefüllten Tomaten könnt ihr noch **20 Min. | Varoma® | Stufe 2** im Varoma® garen.

Foto: Anna Gieseler

Salbeipolenta mit Gremolata

00 45
std : min

LOW CARB LOW FAT

PRO PORTION: 489 KCAL | 12 G E | 29 G F | 45 G KH
ZUTATEN FÜR 4 PERSONEN

* 4 Salbeiblätter
* Blättchen von 1 Bund Petersilie
* 2 Knoblauchzehen
* Abrieb von ½ unbehandelten Zitrone
* 60 g natives Olivenöl extra
* Salz
* frisch gemahlener schwarzer Pfeffer
* 750 g Wasser
* 1 TL Gemüse-Gewürzpaste (Rezept Seite 33)
* 500 g grüner Spargel, geputzt
* 200 g Kirschtomaten
* Meersalz
* 100 g Sahne
* 100 g Milch
* 10 g Butter
* 2 Msp. frisch geriebene Muskatnuss
* 200 g Polenta (Maisgrieß)
* 30 g gehobelter Parmesan

1 | Salbeiblätter in den Mixtopf geben, **6 Sek. | Stufe 7** zerkleinern und umfüllen. Für die Gremolata Petersilie, Knoblauch und Zitronenschale im Mixtopf **6 Sek. | Stufe 7** zerkleinern. 50 g Olivenöl, ½ TL Salz und 2 Prisen Pfeffer zugeben, alles **4 Sek. | Stufe 3** vermischen und umfüllen.

2 | Wasser, 1 TL Salz und Gemüse-Gewürzpaste in den Mixtopf geben. Spargel in den Varoma® legen. Tomaten mit einer Gabel einstechen und auf dem Spargel verteilen. Alles mit 1 TL Meersalz und ¼ TL Pfeffer würzen. Den Rest Olivenöl darüber verteilen. Den Varoma® aufsetzen, mit dem Deckel verschließen und alles **20 Min. | Varoma® | Stufe 1** garen.

3 | Varoma® vorsichtig zur Seite stellen. Sahne, Milch, Butter und Muskatnuss zugeben. Garzeit nach Packungsanweisung der Polenta bei **95°C | Stufe 2** einstellen und den Maisgrieß langsam über die Deckelöffnung einrieseln lassen. Den Varoma® wieder aufsetzen und Grieß mit dem Gemüse zu Ende garen.

4 | Salbei mit dem Spatel unter die cremige Polenta heben. Spargel, Tomaten und Polenta mit der Gremolata und den Parmesanspänen anrichten und sofort servieren.

Foto: Alexandra Panella

Mediterrane Tomatensuppe

00 45
std : min

LOW CARB LOW FAT

PRO PORTION: 150 KCAL | 5 G E | 5 G F | 18 G KH
ZUTATEN FÜR 4 PERSONEN

- Blättchen von ½ Bund Petersilie
- Blättchen von 2 Stielen Basilikum zzgl. etwas mehr zum Garnieren
- 120 g Staudensellerie, in Stücken
- 1 kleine Zwiebel, halbiert
- 1 Knoblauchzehe
- 20 g natives Olivenöl extra
- 800 g reife Tomaten, halbiert
- 700 g Wasser
- 2 TL Gemüse-Gewürzpaste (Rezept Seite 33)
- 2 TL getrockneter Oregano
- 1 TL getrockneter Thymian
- 1 Lorbeerblatt
- ¼ TL Salz
- 10 g Zucker
- ¼ TL frisch gemahlener schwarzer Pfeffer
- 1 Brötchen vom Vortag

1 | Petersilie mit Basilikum in den Mixtopf geben, **4 Sek. | Stufe 8** zerkleinern und umfüllen. Staudensellerie, Zwiebel sowie Knoblauch in den Mixtopf geben, **7 Sek. | Stufe 6** zerkleinern und mit dem Spatel nach unten schieben. Öl hinzufügen und **5 Min. | 120°C** [TM31 bitte Varoma®] | **Stufe 1** dünsten.

2 | Tomaten, 500 g Wasser und Gemüse-Gewürzpaste in den Mixtopf geben. Oregano, Thymian, Lorbeerblatt, Salz, Zucker sowie Pfeffer hinzufügen, **30 Min. | 100°C | Stufe 1** garen. Inzwischen das Brötchen im restlichen Wasser einweichen.

3 | Die Suppe durch ein Sieb streichen und zurück in den Mixtopf geben. Eingeweichtes Brötchen gut ausdrücken, zur Suppe geben und **20 Sek. | Stufe 4–7** ansteigend pürieren. Anschließend Petersilie und Basilikum **20 Sek. | Stufe 2** unterrühren. Die Suppe auf tiefe Teller verteilen, mit einigen Basilikumblättchen garnieren und sofort servieren.

Gemüse-Eierstich-Suppe

00 45
std : min

LOW CARB LOW FAT

PRO PORTION: 269 KCAL | 19 G E | 15 G F | 12 G KH
ZUTATEN FÜR 4 PERSONEN

- ★ **Blättchen von 5 Stielen Petersilie**
- ★ **1 Zwiebel, halbiert**
- ★ **150 g Karotten, in Stücken**
- ★ **100 g Staudensellerie, in Stücken**
- ★ **150 g Zucchini, in Stücken**
- ★ **150 g Brokkoli, in Röschen**
- ★ **5 Prisen Salz**
- ★ **8 Eier**
- ★ **2 Prisen Cayennepfeffer**
- ★ **1500 g Wasser**
- ★ **3 TL Gemüse-Gewürzpaste (Rezept Seite 33)**
- ★ **2 Lorbeerblätter**
- ★ **1 TL getrockneter Majoran**
- ★ **3 Prisen frisch gemahlener schwarzer Pfeffer**
- ★ **100 g Backerbsen**

1 | Petersilie in den geben, **5 Sek. | Stufe 6** zerkleinern und umfüllen. Zwiebel, Karotten, Staudensellerie, Zucchini, Brokkoli und 2 Prisen Salz in den geben, **3 Sek. | Stufe 5** zerkleinern. Alles in den Varoma® geben, dabei am Boden mittig 4 cm frei lassen.

2 | Einlegeboden in den Varoma® einsetzen und mit Backpapier auslegen, dabei darauf achten, dass die seitlichen Dampfschlitze frei bleiben. Eier, 3 Prisen Salz und Cayennepfeffer in den geben, **20 Sek. | Stufe 4** verrühren. Eimischung auf den Einlegeboden gießen und verschließen. ausspülen.

3 | Wasser, Gewürzpaste, Lorbeerblätter, Majoran und Pfeffer in den geben. Den Varoma® aufsetzen und **20 Min. | Varoma® | Stufe 1** garen.

4 | Den Varoma® absetzen, Einlegeboden herausnehmen und Varoma® wieder verschließen. Den Eierstich mit dem Backpapier abheben und auf ein Schneidebrett stürzen. Das Backpapier vorsichtig abziehen und den Eierstich in 3 cm große Stücke schneiden.

5 | Gemüse und Eierstich in eine große Suppenschüssel geben. Die Brühe mit Salz abschmecken, vorsichtig über das Gemüse gießen, alles verrühren, mit Backerbsen und zerkleinerter Petersilie bestreuen und servieren.

Foto: Marie-Therese Cramer

Ratatouille mit Schafskäse

00 55
std : min

LOW CARB LOW FAT

PRO PORTION: 600 KCAL | 26 G E | 31 G F | 47 G KH
ZUTATEN FÜR 4 PERSONEN

- 2 Zwiebeln, halbiert
- 1 Knoblauchzehe
- 12 Stiele Thymian, davon die Blättchen von 6 Stielen
- Nadeln von 1 Zweig Rosmarin
- 1 TL getrockneter Oregano
- 400 g stückige Tomaten (Dose)
- 2 TL Gemüse-Gewürzpaste (Rezept Seite 33)
- 4 Prisen frisch gemahlener schwarzer Pfeffer
- 1 TL Zucker
- 2 Lorbeerblätter
- 20 g natives Olivenöl extra
- 200 g Wasser
- 200 g rote Paprikaschote, in Stücken
- 200 g gelbe Paprikaschote, in Stücken
- 300 g Zucchini, längs geviertelt, entkernt, in Stücken
- 1½ TL Salz
- 200 g Aubergine, in Würfeln
- 400 g Schafskäse, halbiert
- 2 TL Abrieb von 1 unbehandelten Zitrone
- 1 Baguette

1 | Zwiebeln, Knoblauch, Thymianblättchen, Rosmarin sowie Oregano in den geben, **3 Sek. | Stufe 8** zerkleinern und mit dem nach unten schieben.

2 | Tomaten, Gewürzpaste, Pfeffer, Zucker, Lorbeerblätter, Olivenöl und Wasser zufügen. Den Varoma® aufsetzen, rote und gelbe Paprikaschoten sowie Zucchini einwiegen. Mit 1 TL Salz würzen und mit dem mischen. Die Aubergine darüber verteilen, mit ½ TL Salz würzen. Den Varoma® verschließen, **25 Min. | Varoma® | Stufe 1** garen. Den Einlegeboden mit Backpapier auslegen und dabei darauf achten, dass die seitlichen Schlitze frei bleiben. Den Schafskäse daraufsetzen, Zitronenabrieb und die Thymianstiele darauf verteilen.

3 | Den Einlegeboden in den Varoma® einsetzen. Den Varoma® verschließen und alles weitere **5 Min. | Varoma® | Stufe 1** garen. Den Varoma® absetzen. Die Tomatensoße in eine große Servierschale füllen und die Lorbeerblätter entfernen. Den Einlegeboden absetzen, das Gemüse unter die Tomatensoße mischen, den Schafskäse vorsichtig auf das Ratatouille setzen und mit Baguette servieren.

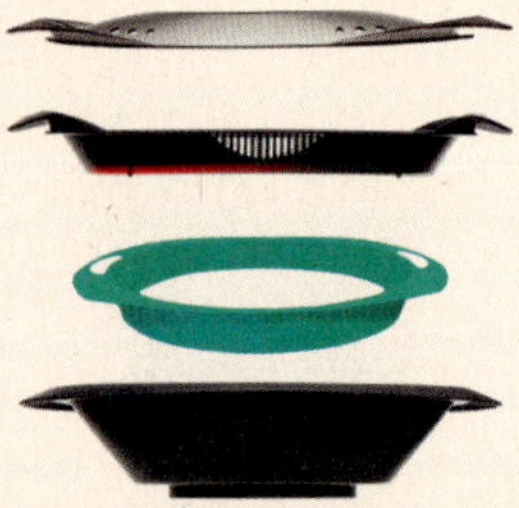

>XXL-TIPP Mithilfe des Aufsatzes „TRIO GIGANT®“ für den Varoma® könnt ihr ganz einfach die doppelte Menge Gemüse im Varoma® garen. Die Garzeit wird so um ungefähr 5 Minuten verlängert. Achtet darauf, dass genügend Luftschlitze frei bleiben, damit der Dampf ungehindert zirkulieren kann.

Fotos: Jorma Gottwald; Archiv (1)

MIT
XXL
TIPP

DIE PERFEKTE GRUNDAUSSTATTUNG

Mit dem richtigen Zubehör wird das Mixen noch einfacher.
Hier sind unsere Top 5 Küchenhelfer, die uns jeden Tag begeistern!

SAUBERE SACHE

Wenn du Teige und Cremes im Thermomix® zubereitet hast, hilft dir der **ThermiSpatel®** aus Silikon perfekt dabei, die kostbaren Reste aus dem zu lösen. Mit der großen flexiblen Silikonfläche lassen sich flüssige Inhalte wie Suppen, Soßen und Smoothies, aber auch weiche Teige spielend leicht vom Rand des lösen.

GUT AUFGELEGT

Dampfgarpapier ist der perfekte Partner fürs Garen im Varoma®. Es passt wie angegossen und sorgt dafür, dass keine Garflüssigkeit mehr nach unten tropfen kann. Eure Lebensmittel bleiben saftig und der sauber. Außerdem braucht ihr kein zusätzliches Einfetten mehr, was eine kalorienarme Zubereitung eurer Gerichte ermöglicht.

TEIGE LÖSEN

Ein Teiglöser für Thermomix® unterstützt das Herauslösen schwerer und klebriger Teige: Den umdrehen, die **Teigblume** von unten auf das Mixmesser aufsetzen und ein paarmal drehen, bis der Teig vom Messer fällt.

DAS RUNDUM-TALENT

Schluss mit dem lästigen Gekratze und Herumgestochere zwischen den Klingen des Mixmessers! Der **Calotti®** von Wundermix passt genau zwischen die Klingen des Mixmessers und entfernt dadurch im Handumdrehen bis zu 90 % der Masse, die sich noch am Boden des befindet. Am besten eignet sich der Calotti®-Drehkellenspatel für Pasten, Breie, Pürees oder Pestos. Auch bei Rezepten mit mehreren Zubereitungsschritten, bei denen Lebensmittel zwischendurch entnommen werden, gestaltet er das Kochen und Backen besonders effektiv.

BACKEN IM VAROMA®

Kuchen aus dem Varoma® gelingt genial – im Dampf erhalten Hefe- und Rührteige eine herrlich luftige Konsistenz. Ihr braucht dafür kleinere Backformen, die in den Varoma® passen und mit denen sich der Deckel bündig schließen lässt, sodass kein Dampf entweichen kann. Runde Formen sollten einen Durchmesser von 18 cm nicht überschreiten, eine Kastenform sollte maximal 20 cm lang sein. Unterschiedliche Produkte findet ihr auch im ZauberTopf-Shop.

Praktische Helfer gibt's hier: www.shop.zaubertopf.de

Fotos: Archiv (5)

Pastagerichte
für die ganze Familie
Die besten Nudelrezepte der „So is(s)t Italien"-Redaktion
jetzt in einem umfassenden, großartigen Werk
so isst Italien SPEZIAL
Holen Sie sich Italien nach Hause!
SONDERHEFT
SO ISST Italien
PASTA-SPEZIAL
AUSGABE 1|2020
6,50 EURO
LEICHT & LECKER
Fusilloni mit gebackenem buntem Gemüse
PASTA-EINMALEINS
Mit vielen Tipps & Tricks zum Nudelprofi
Grandioso!
WUNDERBARE IDEEN FÜR TAGLIATELLE, PENNE & CO.:
Einfach: Selbst gemachte Pasta
20 schnelle Nudelgerichte
Klassiker: Bolognese und mehr
Fürs Gartenfest: Pastasalate
5-mal Nudeln zum Abnehmen
63 UNSERE BESTEN REZEPTE
für Pastagerichte wie in Italien
Ravioli & Tortellini | One-Pot-Pasta | Cannelloni | Vegetarische Nudeln u.v.m.
SO ISST ITALIEN SPEZIAL
www.so-isst-italien.de
Jetzt online bestellen
www.soisstitalien.de/pasta
oder im Handel sichern

Lachsbällchen auf Spinatrahm

00 45 std : min

LOW CARB LOW FAT

PRO PORTION: 514 KCAL | 21 G E | 32 G F | 32 G KH

ZUTATEN FÜR 4 PORTIONEN

- **30 g Toastbrot, entrindet, in Stücken**
- **300 g Lachsfilet, in Stücken**
- **150 g Sahne**
- **Salz**
- **Spitzen von 5 Stielen Dill**
- **500 g Wasser**
- **700 g Kartoffeln, geschält und geviertelt**
- **3 TL Stärke**
- **150 g Crème fraîche**
- **3–4 Prisen Cayennepfeffer**
- **Abrieb und Saft von ½ unbehandelte Zitrone**
- **200 g Babyspinat**

1 | Toastbrot in den Mixtopf geben und **5 Sek. | Stufe 10** zerkleinern. Lachs, Sahne und ¾ TL Salz zugeben, **2 Sek. | Stufe 8** zerkleinern und umfüllen. Mixtopf spülen.

2 | Dill in den Mixtopf geben, **3 Sek. | Stufe 8** zerkleinern und umfüllen. Wasser in den Mixtopf geben, Varoma® aufsetzen. Die Kartoffeln einwiegen, mit ½ TL Salz bestreuen. Varoma® verschließen und Kartoffeln **15 Min. | Varoma® | Stufe 2** garen. Aus der Lachsmischung mit feuchten Händen oder mithilfe von zwei Esslöffeln 16 Nocken formen und diese auf dem Einlegeboden verteilen.

3 | Einlegeboden einsetzen, Varoma® wieder verschließen und Nocken **10 Min. | Varoma® | Stufe 2** garen. Währenddessen Stärke mit Crème fraîche glatt rühren.

4 | Varoma® absetzen. Mixtopf leeren und dabei die Garflüssigkeit auffangen. 300 g Garflüssigkeit, angerührte Crème fraîche, 1 ¼ TL Salz, Cayennepfeffer, Zitronenabrieb und -saft in den Mixtopf geben, Varoma® wieder aufsetzen und alles **5 Min. | Varoma® | Stufe 2** kochen. Spinat in eine große hitzebeständige Servierschale geben.

5 | Varoma® absetzen, Soße über den Spinat gießen, mit dem Spatel unterrühren und mit Salz abschmecken. Spinatrahm mit Kartoffeln und Lachsbällchen anrichten, mit Dill bestreuen und servieren.

Kabeljau mit Sellerie-Kartoffel-Stampf und Paprikasalsa

00 50
std : min

LOW CARB LOW FAT

PRO PORTION: 323 KCAL | 26 G E | 13 G F | 20 G KH
ZUTATEN FÜR 4 PERSONEN

- ★ **150 g rote Paprikaschoten, in Stücken**
- ★ **150 g grüne Paprikaschoten, in Stücken**
- ★ **Blättchen von 4 Stielen Petersilie**
- ★ **½ TL Chiliflocken**
- ★ **Saft und Abrieb von 1 unbehandelten Zitrone**
- ★ **30 g natives Olivenöl extra zzgl. etwas mehr zum Bestreichen**
- ★ **Salz**
- ★ **6 Prisen frisch gemahlener schwarzer Pfeffer**
- ★ **600 g Wasser**
- ★ **400 g Kartoffeln, geschält und in Stücken**
- ★ **300 g Knollensellerie, in Stücken**
- ★ **1 Knoblauchzehe**
- ★ **4 Stücke Kabeljaufilet (à 120 g)**
- ★ **60 g grüne Oliven**

1 | Rote und grüne Paprikaschoten, Petersilie, Chiliflocken, 20 g Zitronensaft, 20 g Öl, ½ TL Salz und den Pfeffer in den Mixtopf geben und **2–3 Sek. | Stufe 4,5** zerkleinern, umfüllen.

2 | Wasser in den Mixtopf geben, Garkorb einsetzen, Kartoffeln, Sellerie und Knoblauch einwiegen, mit 2 Prisen Salz würzen und **25 Min. | Varoma® | Stufe 1** garen. In dieser Zeit den Kabeljau rundum dünn mit Öl bestreichen, mit etwas Salz würzen, auf dem Einlegeboden verteilen und mit Zitronenabrieb bestreuen. Einlegeboden in den Varoma® einsetzen, Varoma® verschließen.

3 | Varoma® aufsetzen und **10 Min. | Varoma® | Stufe 1** zu Ende garen. Varoma® absetzen und beiseitestellen. Garkorb mithilfe des Spatels herausnehmen und das Gemüse kurz ausdämpfen lassen. Mixtopf leeren.

4 | Gedämpfte Knoblauchzehe und Oliven in den Mixtopf geben und **2 Sek. | Stufe 4** zerkleinern. Rühraufsatz einsetzen. Kartoffeln, Sellerie, 10 g Öl und ¼ TL Salz in den Mixtopf zugeben und **5 Sek. | Stufe 3** zerkleinern. Rühraufsatz entfernen. Püree abschmecken, mit Kabeljau und Paprikasalsa anrichten und servieren.

>XXL-TIPP Mithilfe der Welle, einer Abdeckung für das Mixmesser, könnt ihr ohne Garkorb die doppelte Menge Kartoffeln und Sellerie im Mixtopf garen. Die zusätzlichen Fischfilets garen in Varoma® und Einlegeboden verteilt – so werden bis zu 8 Personen satt! Die Garzeiten verlängern sich jeweils um 5 Minuten. Ihr erhaltet die Welle auf shop.zaubertopf.de!

Foto: Jorma Gottwald

MIT
XXL
TIPP

Forelle mit Kartoffel-Gurken-Gemüse

01 00
std : min

LOW CARB LOW FAT

PRO PORTION: 562 KCAL | 41 G E | 21 G F | 45 G KH
ZUTATEN FÜR 2 PERSONEN

- 1 Gurke, entkernt und in Stücken
- 750 g Wasser
- 1 TL Gemüse-Gewürzpaste (Rezept Seite 33)
- 500 g Kartoffeln, geschält und in Stücken
- 2 Forellen (à ca. 250 g), küchenfertig
- Salz
- 6 Prisen frisch gemahlener schwarzer Pfeffer
- 2 unbehandelte Zitronen, in Scheiben
- 1 Bund Dill, Spitzen von 8 Stängeln abgezupft
- 100 g Sahne
- 1 EL Zitronensaft
- 3 Prisen frisch geriebene Muskatnuss

1 | Gurke in den geben, **3 Sek. | Stufe 4,5** zerkleinern und umfüllen. Wasser und Gewürzpaste in den geben, den Garkorb einhängen und Kartoffeln einwiegen. Varoma® aufsetzen, Forellen von innen und außen mit je 3 Prisen Salz und 2 Prisen Pfeffer würzen und je 3 Zitronenscheiben und 2 Stiele Dill in die Bauchöffnungen stecken. Forellen in den Varoma® legen, Varoma® verschließen und **25 Min. | Varoma® | Stufe 1** garen.

2 | Varoma® abnehmen und auf einem Teller beiseitestellen. Den Garkorb mithilfe des herausheben und ebenfalls beiseitestellen. leeren, dabei Garflüssigkeit auffangen.

3 | 100 g Garflüssigkeit, Sahne und 100 g der gegarten Kartoffeln in den geben und **12 Sek. | Stufe 6–10** schrittweise ansteigend pürieren.

4 | 2/3 vom abgezupften Dill, 4 Prisen Salz und 2 Prisen Pfeffer zugeben und **10 Sek. | Stufe 8** pürieren. Gurke, Kartoffeln, Zitronensaft und Muskat zugeben und **2 Min. | 80 °C | | ** erwärmen. Soße würzig abschmecken, mit den Forellen anrichten, mit restlichem Dill und Zitronenscheiben garnieren und servieren.

>**TIPP** Inzwischen gibt es ganze Forellen auch tiefgekühlt in guter Qualität.

Foto: Jorma Gottwald

Lachs mit Rosenkohl und Senfsoße

00 50
std : min

LOW CARB LOW FAT

PRO PORTION: 548 KCAL | 39 G E | 24 G F | 37 G KH
ZUTATEN FÜR 4 PERSONEN

- 750 g Wasser
- 1 TL Gemüse-Gewürzpaste (Rezept Seite 33)
- 400 g Kartoffeln, geschält und in Stücken
- Salz
- 400 g Rosenkohl, halbiert
- 200 g Äpfel, geschält und in Stücken
- 4 Lachsfilets (à 125 g)
- 1 EL natives Olivenöl extra
- frisch gemahlener schwarzer Pfeffer
- Abrieb von ½ unbehandelten Limette
- 25 g grober Senf
- 10 g Honigsenf
- 75 g Toastbrot, ohne Rinde und in Stücken
- 15 g Sahnemeerrettich
- 50 g Sahne

1 Wasser und Gewürzpaste in den Mixtopf geben, Garkorb einhängen und Kartoffeln einwiegen. Mit 2 Prisen Salz würzen und **10 Min. | Varoma® | Stufe 1** garen.

2 Varoma® aufsetzen und Rühraufsatz hineinlegen, damit die Luft zirkulieren kann. Rosenkohl und Äpfel einwiegen, mit 2 Prisen Salz würzen, Varoma® verschließen, **10 Min. | Varoma® | Stufe 1** garen. In dieser Zeit Lachsfilets rundum mit Öl bestreichen, mit je 1 Prise Salz und Pfeffer würzen, mit Limettenabrieb bestreuen und auf den Einlegeboden legen.

3 Varoma® vorsichtig öffnen, Einlegeboden in Varoma® einsetzen, Varoma® verschließen, **10 Min. | Varoma® | Stufe 1** garen. Varoma® absetzen. Garkorb mithilfe des Spatels herausnehmen und Mixtopf leeren, dabei Garflüssigkeit auffangen.

4 250 g Garflüssigkeit, groben Senf, Honigsenf, Toastbrot, Meerrettich, Sahne, ½ TL Salz und 2 Prisen Pfeffer zugeben, **30 Sek. | Stufe 8** zerkleinern und abschmecken. Lachs mit Kartoffeln, Rosenkohl und Soße anrichten und servieren.

>XXL-TIPP Dieses Rezept könnt ihr ohne Probleme für 6 Personen zubereiten. Die Wassermenge bleibt gleich, die Garzeiten verlängern sich um jeweils 2 Minuten.

Foto: Jorma Gottwald

MIT
XXL
TIPP

Grünkohlcurry mit Garnelen

00 50
std : min

LOW CARB LOW FAT

PRO PORTION: 297 KCAL | 21 G E | 9 G F | 25 G KH
ZUTATEN FÜR 4 PERSONEN

- 1 Knoblauchzehe, halbiert
- ½ grüne Chilischote, in Stücken
- Blättchen von 4 Stielen Koriander
- 200 g rohe Garnelen, küchenfertig
- 20 g natives Olivenöl extra
- Salz
- 1 Zwiebel, halbiert
- 50 g rote Currypaste (alternativ Rezept Seite 68)
- 500 g Grünkohl, in Stücken
- 400 g Wasser
- 400 g Kokosmilch (Dose)
- 1 TL Gemüse-Gewürzpaste (Rezept Seite 33)
- 300 g Karotten, halbiert und in schrägen Stücken
- 260 g Kichererbsen (Dose), abgetropft
- 20 g Limettensaft

1 | ½ Knoblauchzehe, Chilischote und Koriander in den Mixtopf geben, **3 Sek. | Stufe 8** zerkleinern und mit dem Spatel nach unten schieben. Garnelen, 10 g Öl sowie 2 Prisen Salz zugeben, **10 Sek. | Stufe 1,5** mischen, auf dem Einlegeboden verteilen und abdecken.

2 | Zwiebel und ½ Knoblauchzehe in den Mixtopf geben, **5 Sek. | Stufe 5** zerkleinern und mit dem Spatel nach unten schieben. 10 g Öl und die Currypaste zugeben und **3 Min. | Varoma® | Stufe 1** dünsten.

3 | Grünkohl zugeben, **15 Sek. | Stufe 4,5** zerkleinern und mit dem Spatel nach unten schieben. Wasser, Kokosmilch, Gewürzpaste und ½ TL Salz zugeben.

4 | Varoma® aufsetzen, Rühraufsatz hineinlegen, damit die Luft zirkulieren kann. Karotten und Kichererbsen einwiegen, mit 2 Prisen Salz würzen, Varoma® verschließen und **20 Min. | Varoma® | Linkslauf | Stufe 1** garen.

5 | Den Varoma® vorsichtig öffnen. Den Einlegeboden einsetzen, Varoma® wieder verschließen und **5 Min. | Varoma® | Linkslauf | Stufe 1** garen.

6 | Grünkohlcurry in eine große Schüssel umfüllen, Karotten und Kichererbsen zugeben, mit dem Spatel unterrühren. Mit Salz und Limettensaft abschmecken und mit Garnelen servieren.

Foto: Jorma Gottwald

DAMPFGAREN

Mit dem Thermomix® hat jeder von euch ein absolut geniales Küchenzubehör: den Varoma®. Wie ihr seine vielen Talente voll auskostet, lest ihr hier

Der **Einlegeboden** eignet sich ideal zum Garen von Lebensmitteln mit kürzerer Garzeit wie Fischfilet, Hähnchenbrust, Spargel oder Bohnen. Auch Speisen wie Omeletts, Frikadellen oder Semmelknödel gelingen hier perfekt. Wichtig: Beim Befüllen müssen die seitlichen Luftschlitze und einige Luftlöcher frei bleiben, damit der Wasserdampf zirkulieren kann.

Der **Varoma**® bietet reichlich Platz. Größere Mengen an Gemüse, kleine Kuchen und Brote, sogar Braten oder ganze Hähnchen passen hinein. Auf dieser Ebene garen härteres Gemüse wie Kartoffeln oder Karotten perfekt. Ganze Fische oder größere Portionen Fleisch, die nicht auf den Einlegeboden passen, können parallel hier gedämpft werden. Darauf achten, dass beim Befüllen stets einige Luftlöcher frei bleiben.

Der **Deckel** muss beim Dampfgaren lückenlos auf dem Varoma® bzw. dem Einlegeboden aufliegen, damit kein Dampf entweicht. Er sollte stets vom Körper weg geöffnet werden, da schnell heißer Dampf aufsteigt.

12 ULTIMATIVE TRICKS

1 Ihr könnt **die Kochzeit** im Varoma® um ca. 4 Minuten verringern, wenn ihr das Wasser für den vorher bereits im Wasserkocher erhitzt.

2 Dünstet zu Fleisch oder Fisch immer ein Gemüse mit, das **dieselbe Garzeit** hat, beispielsweise weißen Fisch mit Erbsen oder Bohnen, roten Fisch mit Brokkoli oder Pak Choi. Zusätzlich können Reis oder Kartoffeln ganz einfach im Garkorb gegart werden.

3 Um das **Anhaften von Zutaten** im Varoma® zu vermeiden und das Reinigen zu vereinfachen, benutzt spezielles Backpapier oder reguläres Backpapier, welches ihr zuschneidet. Dafür das Papier zweimal falten. Papier mit der Ecke, an der die Falz zusammenläuft, mittig auf den Einlegeboden legen und mit einem Finger fixieren. Die Form des Einlegebodens mit einem Finger nachzeichnen. Nun das Backpapier entlang der entstandenen Kante ausschneiden. Den Boden auffalten und das Backpapier in den Einlegeboden legen. Fertig!

4 Für ein Omelett, oder um Saft und Eiweiß von Fleisch im Varoma® zu halten, muss das Papier etwas größer und feucht sein. Hierfür haltet ihr den zugeschnittenen Bogen kurz **unter Wasser**, wringt ihn aus und legt ihn dann in den Einlegeboden. Dabei unbedingt die Luftschlitze frei lassen.

5 Der Varoma® dient auch als **Sieb**: Obst und Gemüse lassen sich im Varoma® abbrausen oder Nudeln nach dem Kochen abschrecken. Salat könnt ihr ebenfalls darin waschen. Einfach den Deckel aufsetzen und über der Spüle kräftig schütteln, so funktioniert der Varoma® wie eine Salatschleuder.

6 Stellt den Deckel des Varoma® nach dem Garen umgekehrt auf die Arbeitsplatte und platziert den Varoma® auf dem umgedrehten Deckel, so bleibt die Arbeitsplatte trocken. Das ist großartig, wenn ihr das Gargut schnell und sofort **servieren** wollt.

7 Für **mehr Aroma** gebt etwas Gemüse-Gewürzpaste in das Wasser des , wenn ihr Gemüse im Varoma® gart. Alternativ oder zusätzlich könnt ihr das Gemüse mit Paste oder Marinade bestreichen.

8 Damit euer Gemüse nach dem Garen knackig und farbenfroh bleibt, schreckt das Gemüse im Varoma® **mit kaltem Wasser** ab.

9 Wenn ihr Omelett oder andere zunächst flüssige Speisen zubereitet, stellt zuerst den Varoma® auf den fertig vorbereiteten , bevor ihr die Masse einfüllt. So müsst ihr den Varoma® nicht mehr bewegen und es wird **nichts verschüttet**.

10 Im lassen sich **parallel** wunderbar Soßen mixen, während ihr im Varoma® gart. Achtet jedoch darauf, dass die Soße genügend Flüssigkeit für die Dauer des Garens hat. Cremigere Soßen wie Béchamel-Soße eignen sich nicht, denn sie verbrennen. Verwendet wässrige Soßen oder eine Brühe. Generell gilt: 500 g Flüssigkeit reichen für 30 Minuten Garzeit.

11 **Sterilisiert** Konfitüregläser, Babyflaschen oder auch Schnuller im heißen Wasserdampf des Varoma®. Dafür die Gefäße mit der Öffnung nach unten in den Varoma® stellen. 500 g Wasser in den geben und alles **25 Min. | Varoma® | Stufe 1** auskochen.

12 Mögliches Überkochen beim Dampfgaren mit Varoma® vermeidet ihr, indem ihr Backpapier unter Fleisch oder Fisch im Einlegeboden legt und einen **Schuss Öl** ins Kochwasser gebt.

Fotos: Archiv | Illustration: Lara Klemm (1)

FLEISCH

ENDLICH SONNTAG!

Raffinierte Ideen für das große Kochen

WENN MEHR ZEIT BLEIBT

Bœuf bourguignon mit böhmischen Knödeln

01 50 std : min

LOW CARB LOW FAT

PRO PORTION: 748 KCAL | 46 G E | 32 G F | 60 G KH

ZZGL. 1 TAG KÜHLZEIT + 30 MIN. RUHEZEIT

ZUTATEN FÜR 6 PERSONEN

- Blättchen von 6 Stielen Petersilie
- 2 Zwiebeln, halbiert
- 1000 g Rindfleisch, aus der Schulter, in Würfeln (3 cm)
- 300 g trockener Rotwein
- 2 Stiele Thymian
- 1 Lorbeerblatt
- 1 TL schwarze Pfefferkörner, angedrückt
- 40 g Butter
- 70 g Paniermehl
- 1 TL Abrieb einer unbehandelten Orange
- 20 g natives Olivenöl extra zzgl. etwas mehr zum Einölen
- 190 g Wasser
- 15 g frische Hefe
- 1 Prise Zucker
- 300 g Mehl Type 405 zzgl. etwas mehr zum Bearbeiten
- 1½ TL Salz
- 1 altbackenes Brötchen, in kleinen Würfeln
- 150 g Speck, in Würfeln
- 10 kleine Schalotten, längs halbiert
- 200 g Karotten, in Würfeln
- 10 g Tomatenmark
- 200 g Rinderbrühe
- 200 g Champignons, geviertelt

1 Petersilie im Mixtopf **4 Sek. | Stufe 8** hacken, umfüllen und beiseitestellen. Zwiebeln in den Mixtopf geben, **4 Sek. | Stufe 5** zerkleinern und umfüllen. Fleisch, Rotwein, die zerkleinerten Zwiebeln, Thymian, Lorbeerblatt sowie die angedrückten Pfefferkörner in einen großen Gefrierbeutel geben, gut verschließen und im Kühlschrank 24 Std. marinieren.

2 Die Butter in den Mixtopf geben und ohne Messbecher **2 Min. | Varoma® | Stufe 1** schmelzen. Paniermehl zufügen und ohne Messbecher **10 Min. | Varoma® | Stufe 1** dünsten. Die Butterbrösel umfüllen und den Orangenabrieb mit dem Spatel unterrühren. Den Mixtopf ausspülen. Eine große Schüssel leicht einölen und beiseitestellen. Wasser, Hefe, Zucker, Mehl, 1 TL Salz und Brötchenwürfel in den Mixtopf geben, **3 Min. | Teigknetstufe** kneten. Den Teig zu einer Kugel formen und in die vorbereitete Schüssel geben, mit Frischhaltefolie oder einem feuchten Küchentuch abdecken und 30 Min. gehen lassen.

3 Inzwischen den Mixtopf ausspülen, den Einlegeboden leicht einfetten. Aus dem Teig auf einer bemehlten Arbeitsfläche 2 Rollen formen. Nebeneinander auf den Einlegeboden legen. In den Varoma® einsetzen, verschließen und zur Seite stellen. Olivenöl, Speckwürfel, Schalotten sowie Karotten in den Mixtopf geben und ohne Messbecher **5 Min. | Varoma® | Linkslauf | Stufe 1** dünsten. Tomatenmark zufügen und ohne Messbecher **2 Min. | Varoma® | Linkslauf | Stufe 1** dünsten. Das Fleisch mit Marinade, Rinderbrühe und ½ TL Salz zugeben. Varoma® mit Knödeln aufsetzen, alles **50 Min. | 100°C | Linkslauf | Stufe 1** garen.

4 Varoma® absetzen, Champignons in den Mixtopf geben, mit dem Spatel unterrühren. Varoma® wieder aufsetzen, **15 Min. | 100°C | Linkslauf | Stufe 1** fertig garen. Varoma® absetzen, die Knödel herausnehmen und in Scheiben schneiden. Boeuf bourguignon abschmecken, mit den Knödeln auf Tellern anrichten, mit Butterbröseln und Petersilie bestreut servieren.

Foto: Oliver Hauser

Massaman-Curry

01 | 40 std : min

PRO PORTION: 821 KCAL | 43 G E | 34 G F | 76 G KH
ZUTATEN FÜR 4 PERSONEN

- 2 Zwiebeln, halbiert
- 1 Dose Kokosmilch (nicht schütteln!)
- 20 g Massaman-Currypaste (alternativ siehe Tipp)
- 600 g Rindergulasch, in Würfeln
- 150 g Wasser
- 5 Kaffir-Limettenblätter (alternativ 1 TL Limettenabrieb)
- 1 Zimtstange
- 30 g Limettensaft
- 10 g brauner Zucker
- 20 g Fischsoße
- 500 g Kartoffeln, geschält und in Stücken
- 400 g Süßkartoffeln, geschält und gewürfelt
- 4 Prisen Salz
- 300 g Erbsen (TK)
- Blättchen von ½ Bund Koriander
- 20 g Erdnussmus

1 | Die Zwiebeln in den geben, **5 Sek.** | **Stufe 5** zerkleinern und mit dem nach unten schieben. Aus der Kokosmilchdose 4 EL von der oben abgesetzten Kokoscreme entnehmen und in den geben. Die Currypaste zufügen und **3 Min.** | **120°C** [TM31 bitte Varoma®] | **Stufe 1** dünsten. Das Gulasch zugeben und alles **3 Min.** | **120°C** [TM31 bitte Varoma®] | | **Stufe 1** dünsten.

2 | Restliche Kokosmilch, Wasser, Kaffir-Limettenblätter, Zimtstange, Limettensaft, Zucker sowie Fischsoße zufügen und **50 Min.** | **90°C** | | kochen. Dann weitere **10 Min.** | **100°C** | | kochen. In dieser Zeit die Kartoffeln und die Süßkartoffeln in kaltes Wasser legen. 5 Min. vor Ende der Garzeit die Süßkartoffeln in den Varoma® legen und mit 2 Prisen Salz würzen. Den Einlegeboden in den Varoma® einsetzen. Die Kartoffeln auf dem Einlegeboden verteilen und mit 2 Prisen Salz würzen. Den Varoma® verschließen und aufsetzen. Anschließend alles **20 Min.** | **Varoma®** | | garen.

3 | Den Varoma® öffnen und die Erbsen zwischen den Kartoffeln verteilen. Den Varoma® wieder verschließen, weitere **10 Min.** | **Varoma®** | | garen. In dieser Zeit die Korianderblättchen grob hacken.

4 | Den Varoma® absetzen und auf einem Teller zur Seite stellen. Das Erdnussmus mithilfe des unter das Curry rühren und abschmecken. Die Süßkartoffeln mithilfe des in 3 cm große Stücke teilen. Süßkartoffeln, Kartoffeln und Erbsen mit dem Curry in einer großen vorgewärmten Schüssel mischen, mit Korianderblättchen garnieren und servieren.

> **TIPP** Das „Massaman Curry" stammt aus der südlichen Thai-Küche. Inzwischen gibt es viele Varianten, sie können Fleisch enthalten oder vegan zubereitet werden. Zum Würzen dieser Currys werden keine gemahlenen Gewürze, sondern Currypaste verwendet. Diese Currypaste könnt ihr natürlich auch selbst mixen. Ein tolles Basisrezept für eine klassische gelbe Currypaste findet ihr auf Seite 68.

Foto: Jorma Gottwald

Bierfleisch mit Tassenknödeln

01 30
std : min

PRO PORTION: 737 KCAL | 52 G E | 36 G F | 49 G KH

ZUTATEN FÜR 4 PORTIONEN

- ★ Blättchen von 1 Bund Petersilie
- ★ 280 g altbackenenes Roggen-Kümmel-Brot, in Würfeln
- ★ 250 g Zwiebeln, halbiert
- ★ 60 g Butter zzgl. etwas mehr zum Einfetten
- ★ 2 Eier
- ★ 150 g Milch
- ★ ¾ TL Salz
- ★ 4 Prisen frisch gemahlener schwarzer Pfeffer
- ★ 1 TL Weinstein-Backpulver
- ★ 1 Knoblauchzehe
- ★ 20 g Butterschmalz
- ★ 1 EL edelsüßes Paprikapulver
- ★ 2 EL Mehl Type 405
- ★ 1 EL Tomatenmark
- ★ 800 g gemischtes Gulasch
- ★ 330 g dunkles Bier
- ★ 200 g Rinderbrühe
- ★ 1 Lorbeerblatt

1 | Die Petersilie in den geben, **3 Sek. | Stufe 8** zerkleinern und umfüllen. Das Brot in den geben, **10 Sek. | Stufe 5** zerkleinern und ebenfalls umfüllen.

2 | 40 g Zwiebeln in den geben, **5 Sek. | Stufe 5** zerkleinern, mit dem nach unten schieben. 30 g Butter zufügen und **4 Min. | 120°C [TM31 bitte Varoma®] | Stufe 1** dünsten. Inzwischen 4 Tassen (à etwa 250 ml) einfetten und zur Seite stellen.

3 | Eier, Milch, ½ TL Salz, 2 Prisen Pfeffer sowie zwei Drittel der Petersilie in den geben und **5 Sek. | Stufe 4** mischen. Zerkleinertes Brot mit Backpulver zufügen und **5 Sek. | Stufe 4** vermengen. Knödelmix mit dem locker auf die Tassen verteilen, Tassen in den Varoma® stellen, diesen verschließen und zur Seite stellen. Den ausspülen.

4 | Restliche Zwiebeln mit Knoblauch in den geben, **5 Sek. | Stufe 5** zerkleinern, mit dem nach unten schieben. Butterschmalz zufügen und ohne Messbecher, **6 Min. | 120°C [TM31 bitte Varoma®] | Stufe 1** dünsten.

5 | Paprikapulver, Mehl sowie Tomatenmark zugeben und **1 Min. | Varoma® | Stufe 2** dünsten. Fleisch, Bier, Brühe, Lorbeer, ¼ TL Salz und 2 Prisen Pfeffer zufügen. Den Varoma® aufsetzen und alles **15 Min. | Varoma® | | Stufe 1** kochen. Dann **50 Min. | 100°C | | Stufe 1** zu Ende garen.

6 | Den Varoma® absetzen und auf einen Teller stellen. Den Eintopf abschmecken und umfüllen. Die Knödel aus den Tassen stürzen, mit dem Eintopf anrichten, mit der restlichen Petersilie bestreut servieren.

Foto: Jorma Gottwald

Speck-Keulen mit Rahmsauerkraut

01 | 10 std : min

LOW CARB LOW FAT

PRO PORTION: 682 KCAL | 53 G E | 40 G F | 18 G KH
ZUTATEN FÜR 4 PERSONEN

- Blättchen von ½ Bund Petersilie
- 4 Hähnchenkeulen, enthäutet
- Salz
- frisch gemahlener schwarzer Pfeffer
- 8 Scheiben Schinkenspeck, luftgetrocknet oder geräuchert
- 1 Zwiebel, halbiert
- 100 g Karotten, in Stücken
- 1 Apfel, geschält und geviertelt
- 40 g Rapsöl
- 10 g Mehl Type 405
- 750 g Sauerkraut (Dose), abgetropft, (alternativ Rezept Seite 68)
- 200 g Wasser
- 150 g Sahne
- ½ TL Gemüse-Gewürzpaste (Rezept Seite 33)
- 1 Lorbeerblatt
- 3 Wacholderbeeren
- ½ TL Zucker
- 1 rote Paprikaschote, in Würfeln
- 1 gelbe Paprikaschote, in Würfeln
- ½ TL edelsüßes Paprikapulver

1 | Die Petersilienblättchen in den Mixtopf geben, **6 Sek. | Stufe 6** zerkleinern und umfüllen. Die Hähnchenkeulen rundum mit 1 TL Salz und ½ TL Pfeffer einreiben. Mit den Schinkenscheiben umwickeln und auf dem Einlegeboden verteilen. In den Varoma® einsetzen und diesen verschließen.

2 | Zwiebel, Karotten sowie Apfel in den Mixtopf geben, **5 Sek. | Stufe 5** zerkleinern und mit dem Spatel nach unten schieben. 30 g Öl zufügen und ohne Messbecher **2 Min. | Varoma® | Stufe 1** andünsten. Das Mehl mit Sauerkraut zugeben und ohne Messbecher mithilfe des Spatels **1 Min. | Varoma® | Stufe 1** dünsten.

3 | Wasser, Sahne, Gewürzpaste, Lorbeerblatt, Wacholder, ½ TL Salz, ½ TL Pfeffer sowie Zucker in den Mixtopf füllen. Den Varoma® aufsetzen und alles **30 Min. | Varoma® | Stufe 1** garen.

4 | Inzwischen die Paprikawürfel mit restlichem Öl, etwas Salz sowie Pfeffer und dem Paprikapulver mischen. Den Einlegeboden kurz auf einem Teller beiseitestellen. Die Paprikawürfel in den Varoma® geben. Einlegeboden und Deckel wieder aufsetzen. Weitere **15 Min. | Varoma® | Stufe 1** garen.

5 | Einlegeboden auf einem Teller beiseitestellen. Paprikastücke mit dem Spatel unter das Sauerkraut mischen. Sauerkraut abschmecken. Mit den Hähnchenkeulen anrichten und mit der Petersilie bestreut servieren.

Foto: Jorma Gottwald

Rindergeschnetzeltes „Stroganoff"

01 50
std : min

LOW CARB LOW FAT

PRO PORTION: 602 KCAL | 43 G E | 25 G F | 48 G KH
ZUTATEN FÜR 4 PERSONEN

- **100 g Cornichons und 40 g Sud**
- **1 Zwiebel, halbiert**
- **1 Knoblauchzehe**
- **20 g Butterschmalz**
- **600 g Rinderrouladen (1 cm dick geschnitten), quer in Streifen**
- **250 g Wasser**
- **1 gehäufter TL Gewürzpaste für Fleischbrühe**
- **1 TL Salz**
- **4 Prisen frisch gemahlener schwarzer Pfeffer**
- **250 g Champignons, halbiert**
- **300 g Karotten, in 5 mm dicken Scheiben**
- **3 Prisen Zucker**
- **10 g Stärke**
- **150 g saure Sahne, cremig gerührt**
- **500 g Spätzle (Kühlregal, alternativ Rezept Seite 68)**
- **20 g Butter**
- **2 Prisen frisch geriebene Muskatnuss**
- **Blättchen von 8 Stielen Kerbel**

1 | Die Cornichons (ohne Sud) in den Mixtopf geben, **3 Sek. | Stufe 5** zerkleinern und umfüllen. Zwiebel und Knoblauch in den Mixtopf geben, **5 Sek. | Stufe 5** zerkleinern und mit dem Spatel nach unten schieben. Das Butterschmalz zufügen und den Zwiebelmix **2 Min. | Varoma® | Stufe 1** dünsten.

2 | Das Fleisch zugeben und ohne Messbecher **6 Min. | Varoma®** | Linkslauf | Sanftrührstufe dünsten. Das Wasser mit Gewürzpaste, ½ TL Salz sowie Pfeffer zufügen und alles ohne Messbecher **5 Min. | 120 °C [TM31 bitte Varoma®]** | Linkslauf | Sanftrührstufe. Dann ohne Messbecher **45 Min. | 90 °C** | Linkslauf | Sanftrührstufe garen.

3 | Die Champignons zugeben. Den Varoma® aufsetzen und die Karottenscheiben hineingeben, mit ¼ TL Salz sowie 1 Prise Zucker würzen. Den Varoma® verschließen und alles weitere **12 Min. | Varoma®** | Linkslauf | Sanftrührstufe garen.

4 | Den Varoma® absetzen. Die Stärke mit Cornichonsud und saurer Sahne in einem Schälchen verrühren. Stärkemix, Cornichons und 2 Prisen Zucker in den Mixtopf geben. Den Varoma® aufsetzen, Spätzle und Butter zu den Karotten geben, mit ¼ TL Salz und Muskat würzen, vermischen, verschließen und **5 Min. | Varoma®** | Linkslauf | Sanftrührstufe garen. Geschnetzeltes würzig abschmecken, mit Karotten-Spätzle-Mischung anrichten, mit Kerbel bestreuen und servieren.

>TIPP Klassisches Rindergeschnetzeltes „Stroganoff" wird traditionell mit Fleisch aus der Spitze des Filets zubereitet, das natürlich viel zarter und schneller gar ist. Ihr werdet aber sicher erstaunt sein, wie lecker das Gericht auch mit dem Rouladenfleisch schmeckt.

Foto: Jorma Gottwald

Gefüllter Blumenkohl

01 20
std : min

LOW CARB LOW FAT

PRO PORTION: 731 KCAL | 37 G E | 43 G F | 44 G KH
ZUTATEN FÜR 4 PERSONEN

- **80 g Parmesan, in Stücken**
- **30 g Cracker**
- **1 Zwiebel, halbiert**
- **Blättchen von 1 Bund Petersilie**
- **400 g gemischtes Hackfleisch**
- **1 Brötchen vom Vortag, eingeweicht und gut ausgedrückt**
- **1 TL mittelscharfer Senf**
- **1 Ei**
- **½ TL getrockneter Oregano**
- **¾ TL Salz**
- **6 Prisen frisch gemahlener schwarzer Pfeffer**
- **1 Blumenkohl**
- **20 g natives Olivenöl extra**
- **750 g Wasser**
- **½ TL Gemüse-Gewürzpaste (Rezept Seite 33)**
- **700 g Kartoffeln, geschält und in Stücken**
- **150 g Sahne**
- **3 TL Stärke**

1 | Den Parmesan in den Mixtopf geben, **10 Sek. | Stufe 10** zerkleinern und umfüllen. Die Cracker in den Mixtopf geben, **3 Sek. | Stufe 6** zerkleinern und ebenfalls umfüllen. Zwiebel und die Hälfte der Petersilie in den Mixtopf geben, **6 Sek. | Stufe 6** zerkleinern, mit dem Spatel nach unten schieben. Hackfleisch, Brötchen, Senf, Ei, Oregano, ½ TL Salz sowie Pfeffer zufügen und **1 Min. |** Teigknetstufe verkneten.

2 | Vom Blumenkohl den Strunk keilförmig so entfernen, dass die Röschen noch zusammenhalten. Die Hälfte der Hackmasse in die Öffnungen geben und fest hineindrücken, damit sie sich in den Lücken verteilt. Restliche Hackmasse zu Bällchen formen. Den Blumenkohl mit der Füllung nach unten in den Varoma® setzen, die Bällchen danebenlegen. Den Blumenkohl mit restlichem Salz würzen, alles mit Olivenöl beträufeln und den Varoma® verschließen.

3 | Wasser und Gemüse-Gewürzpaste in den Mixtopf geben, den Garkorb einhängen und die Kartoffeln einwiegen. Den Varoma® aufsetzen und alles **35 Min. | Varoma® | Stufe 1** garen. Den Varoma® auf einem Teller beiseitestellen, den Garkorb mithilfe des Spatels herausheben und die Kartoffeln abgedeckt warm halten.

4 | Die Flüssigkeit aus dem Mixtopf abgießen, dabei 150 g der Flüssigkeit auffangen und wieder zurück in den Mixtopf geben. Sahne mit Stärke zufügen. Garkorb als Spritzschutz aufsetzen und **5 Min. | 100 °C | Stufe 2** kochen. 60 g Parmesan mit restlicher Petersilie zugeben und **20 Sek. | Stufe 6–10** schrittweise ansteigend pürieren. Den gefüllten Blumenkohl mit Bällchen und Kartoffeln anrichten, mit etwas Soße beträufeln, mit restlichem Parmesan und einigen Crackerbröseln bestreut servieren. Restliche Soße und Brösel extra dazu servieren.

>**TIPP** Das Gericht lässt sich super vorbereiten. Morgens oder am Vortag den Blumenkohl füllen und kaltstellen, sowie die Kartoffeln schälen. Die Garzeit des kaltgestellten Blumenkohls verlängert sich dabei etwas. Den Kohl für **25 Min. | Varoma® | Stufe 2** vorgaren, dann erst den Garkorb mit Kartoffeln einsetzen und weitere 25 Minuten garen.

Foto: Jorma Gottwald

Herzhafte Germknödel

01 00 std : min

LOW CARB LOW FAT

PRO PORTION: 859 KCAL | 26 G E | 54 G F | 61 G KH

ZZGL. 1 STD. RUHEZEIT

ZUTATEN FÜR 4 PERSONEN

- **2 Zwiebeln, halbiert**
- **40 g Rapsöl**
- **2 TL Tomatenmark**
- **125 g gemischtes Hackfleisch**
- **½ TL edelsüßes Paprikapulver**
- **1 ½ TL Salz**
- **½ TL frisch gemahlener schwarzer Pfeffer**
- **15 g frische Hefe**
- **125 g Milch**
- **½ TL Zucker**
- **270 g Mehl Type 405 zzgl. etwas mehr zum Bearbeiten**
- **1 Ei**
- **1 TL getrockneter Oregano**
- **60 g weiche Butter, in Stücken, zzgl. etwas mehr zum Einfetten**
- **50 g Parmesan, in Stücken**
- **Blättchen von 1 Bund Petersilie**
- **400 g Pilze (z.B. Champignons und Kräuterseitlinge), je nach Größe halbiert oder geviertelt**
- **350 g Wasser**
- **250 g Sahne**
- **1 TL Gemüse-Gewürzpaste (Rezept Seite 33)**

1 | Hälfte der Zwiebeln in geben, **5 Sek.** | **Stufe 5** zerkleinern, mit dem nach unten schieben. 20 g Öl, Tomatenmark, Hackfleisch, Paprikapulver, ½ TL Salz und ¼ TL Pfeffer zufügen, ohne Messbecher **3 Min.** | **120°C** [TM31 bitte Varoma®] | | **Stufe 1** dünsten. Umfüllen, abkühlen lassen. Den spülen. Hefe, Milch, Zucker in den geben und **2 Min.** | **37°C** | **Stufe 2** erwärmen. 250 g Mehl, Ei, ½ TL Salz, Oregano zufügen, **2 Min.** | verkneten. 40 g Butter zugeben, weitere **2 Min.** | verkneten. Teig in eine Schüssel umfüllen, abgedeckt an einem warmen Ort 40 Min. gehen lassen.

2 | Den spülen und den Varoma® mit etwas Butter einfetten. Den Hefeteig auf einer bemehlten Arbeitsfläche durchkneten, in 4 Stücke teilen und flach drücken. Abgekühlte Hackmischung auf die Mitte setzen, Hefeteig darüber zusammendrücken und zu Knödeln formen. Die Knödel in den vorbereiteten Varoma® setzen, dabei darauf achten, dass einige Bodenschlitze frei bleiben. Den Varoma® verschließen und die Knödel an einem warmen Ort 20 Min. gehen lassen.

3 | Parmesan in den geben, **10 Sek.** | **Stufe 10** zerkleinern und umfüllen. Petersilie in geben, **6 Sek.** | **Stufe 6** zerkleinern, umfüllen. Rest Zwiebel im **5 Sek.** | **Stufe 5** zerkleinern und mit nach unten schieben. 20 g Öl mit 20 g Butter zufügen und ohne Messbecher **1 Min.** | **Varoma®** | | **Stufe 1** dünsten. Pilze und 20 g Mehl zufügen, ohne Messbecher **3 Min.** | **120°C** [TM31 bitte Varoma®] | | **Stufe 1** dünsten. Wasser, 50 g Sahne, Gewürzpaste, ½ TL Salz und ¼ TL Pfeffer zugeben, den Varoma® aufsetzen und alles **20 Min.** | **120°C** [TM31 bitte Varoma®] | | **Stufe 1** garen.

4 | Varoma® abnehmen, auf einen Teller setzen. 200 g Sahne in den geben, **2 Min.** | **100°C** | | **Stufe 1** kochen. Ragout würzig abschmecken und zwei Drittel der Petersilie mit dem untermischen. Die Knödel mit Pilzragout auf Tellern anrichten, mit etwas Parmesan und restlicher Petersilie bestreut servieren. Rest Parmesan extra dazu reichen.

Foto: Jorma Gottwald

BLITZBLANK-REINIGUNGSTRICKS

Meist lässt sich der Thermomix® reinigen wie jeder andere Topf auch. Manchmal helfen aber noch ein paar spezielle Kniffe, die ihn wieder zum Strahlen bringen. Hier haben wir die wichtigsten für euch zusammengestellt

SCHLUSS MIT VERFÄRBUNGEN

Durch Gewürze wie beispielsweise Kurkuma, Curry oder Paprika kann es zu Verfärbungen kommen. Legt ihr das Zubehör in die Sonne, verblassen die Verfärbungen wieder.

RASCH GESÄUBERT

Um den Thermomix® zu spülen, den mit Wasser befüllen, bis das Messer bedeckt ist. 1–2 Tropfen Geschirrspülmittel hineingeben und **45 Sek. | Stufe 6** rühren lassen. Zwischendurch den Linkslauf ein- und ausschalten. Das Schmutzwasser wegschütten und mit klarem Wasser gut nachspülen. Beim TM6 dafür den Vorspülmodus verwenden.

TROCKNEN

Den frisch gespülten verschließen und **5 Sek. | Turbo** laufen lassen, dann mit der Hand nachtrocknen oder Trockentuch in den geben und auf **5 Sek. | Stufe 3 |** laufen lassen.

FETT-WEG-METHODE

Um den fettfrei zu bekommen, mit kaltem Wasser und 1–2 TL Salz etwa **7 Sek. | Stufe 10** ausspülen und sauber abtrocknen.

BEI HARTNÄCKIGEM SCHMUTZ

Ist der besonders verschmutzt, könnt ihr ihn bis zum Rand mit Wasser füllen und mit einem Geschirrspülmaschinen-Tab über Nacht einweichen lassen. Anschließend sehr gründlich ausspülen.

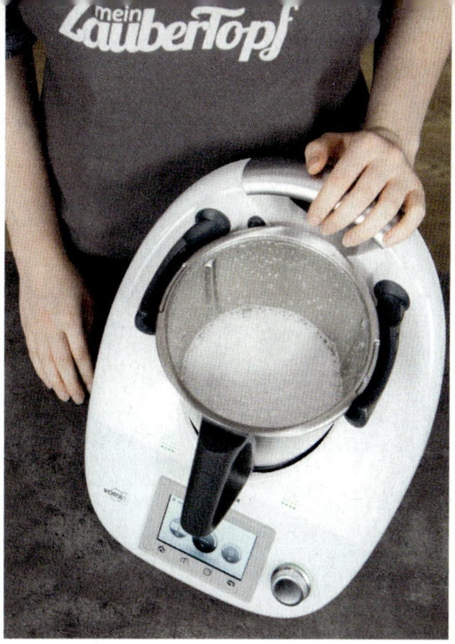

EINGEBRANNTES

Ist das Essen versehentlich angebrannt, füllt ihr den am besten sofort mit Wasser und gebt 1 Päckchen Backpulver oder Natron dazu. Alles über Nacht einweichen lassen. Am nächsten Tag das Wasser wegschütten, frisches Wasser mit etwas Spülmittel im **6 Min. | 60°C | Stufe 3** erwärmen. Eine halbierte Zitrone zufügen und **5 Sek. | Stufe 5** zerkleinern. 350 g Wasser dazugeben und alles **10 Min. | Varoma® | Stufe 3** aufkochen lassen. Anschließend den mit einer Spülbürste reinigen.

DUFTE SACHE

In eurem Thermomix® haften unangenehme Gerüche? Die werdet ihr ganz schnell los, wenn ihr einige Kaffeebohnen in den gebt und **10 Sek. | Stufe 10** mahlt. Diese Frischekur könnt ihr auch eurem Varoma® gönnen: dafür einen Kaffeefilter mit Kaffeepulver befüllen, mit Garn fest verschließen und für einige Zeit in den Varoma® legen.

Fotos: Archiv (5) | Illustrationen: Archiv

SÜSSES

SÜSSE VERFÜHRUNG

Desserts in Windeseile zubereiten

UNTER 25 MINUTEN

Ricottacreme mit Aprikosen und Cranberrys

00 15
std : min

LOW CARB LOW FAT

PRO PORTION: 484 KCAL | 15 G E | 23 G F | 49 G KH
ZZGL. 20 MIN. KÜHLZEIT
ZUTATEN FÜR 4 PERSONEN

* **60 g Zartbitterschokolade, in Stücken**
* **100 g getrocknete Soft-Aprikosen**
* **50 g getrocknete Cranberrys**
* **250 g Milch**
* **1 Eigelb**
* **30 g Zucker**
* **1 Prise Salz**
* **20 g Stärke**
* **Mark von ½ Vanilleschote**
* **500 g Ricotta**

1 | Schokolade in den geben, **20 Sek.** | **Stufe 5** zerkleinern und umfüllen. Aprikosen und Cranberrys in den geben, **6 Sek.** | **Stufe 5** zerkleinern und ebenfalls umfüllen.

2 | Milch, Eigelb, Zucker, Salz, Stärke sowie Vanillemark in den geben und **6 Min.** | **90°C** | **Stufe 3** kochen. Ricotta zufügen, **5 Sek.** | **Stufe 4** unterrühren. Mindestens 20 Min. abkühlen lassen, dabei gelegentlich mit dem umrühren.

3 | ¾ der Fruchtmischung und ¾ der Schokolade unterrühren, die Ricottacreme in Dessertschälchen füllen, dann mit der restlichen Fruchtmischung und der übrigen Schokolade bestreuen und servieren.

>**TIPP** Diese Creme könnt ihr auch schon am Vortag zubereiten und damit länger kalt stellen – so ist sie besonders im Sommer ein erfrischender Genuss!

Foto: Ira Leonie

Fruchtige Schokokusscreme

00 20
std : min

LOW CARB LOW FAT

PRO PORTION: 337 KCAL | 7 G E | 21 G F | 29 G KH

ZUTATEN FÜR 6 PERSONEN

- 200 g Erdbeeren, halbiert
- 200 g Aprikosen, halbiert
- 20 g Limettensaft
- 20 g Zucker
- 250 g Sahne
- 6 Zartbitter-Schokoküsse
- 250 g Sahnequark

1 | Die Erdbeeren mit den Aprikosen, dem Limettensaft und dem Zucker in den geben, **4 Sek. | Stufe 4,5** zerkleinern und umfüllen. Den spülen.

2 | Den Rühraufsatz einsetzen. Die Sahne in den geben und ohne Zeiteinstellung auf **Stufe 3** bis zur gewünschten Festigkeit steif schlagen.

3 | Von den Schokoküssen vorsichtig die Waffel entfernen. Schaumfüllung der Schokoküsse sowie den Quark in den geben und alles **10 Sek. | Stufe 2,5** verrühren. Den Rühraufsatz entfernen. Die Obstmischung in Dessertgläser füllen. Die Quarkcreme darauf verteilen und mit den Schokokuss-Waffeln garniert servieren.

PERFEKTE SAHNE

Je höher der Fettgehalt der Sahne, desto schneller wird sie steif. Achtet auf den veränderten Klang im , wenn die Sahne steif wird.

Fotos: Jorma Gottwald (1); Archiv (1)

Cremiges Erdbeereis

00 10
std : min

LOW CARB LOW FAT

PRO PORTION: 194 KCAL | 2 G E | 8 G F | 28 G KH
ZUTATEN FÜR 4 PERSONEN

- **75 g Zucker**
- **350 g Erdbeeren (TK)**
- **100 g Sahne**
- **einige frische Erdbeeren zum Garnieren**

1 | Zucker in den geben und **10 Sek. | Stufe 10** pulverisieren. Mit dem nach unten schieben. Die gefrorenen Erdbeeren in den geben und alles **20 Sek. | Stufe 8** zerkleinern.

2 | Den Rühraufsatz einsetzen und die Sahne in den geben. Alles **30 Sek. | Stufe 4** vermengen. Das Eis anschließend portionieren und sofort servieren.

>**TIPP** Dieses Eisrezept könnt ihr ganz nach Belieben variieren. Tauscht die Erdbeeren durch anderes tiefgekühltes Obst aus, friert euer Lieblingsobst dafür mind. 4 Std. ein. Eine tolle Kombi: TK-Mango und anstelle der Sahne Kokosmilch verwenden.

Foto: Shutterstock/Liv-friis-larsen (1)

Schokoküchlein mit flüssigem Kern

00 25
std : min

LOW CARB LOW FAT

PRO STÜCK: 687 KCAL | 14 G E | 43 G F | 64 G KH
ZUTATEN FÜR 6 STÜCK

- **100 g weiche Butter zzgl. etwas mehr zum Fetten**
- **etwa 30 g Kakaopulver zum Bestäuben**
- **150 g Puderzucker**
- **Abrieb von 1 unbehandelten Orange**
- **1 TL Kardamompulver**
- **350 g Edelbitterschokolade, in Stücken**
- **1 Prise Salz**
- **5 Eier**
- **1 TL Vanilleextrakt**
- **1 TL Zimtpulver**
- **60 g gemahlene Mandelkerne**
- **500 g heißes Wasser**

1 | 6 Muffinformen mit Butter einfetten und mit Kakaopulver ausstäuben. Puderzucker, Orangenschale sowie Kardamompulver im Mixtopf **20 Sek. | Stufe 10** mahlen. Mit dem Spatel nach unten schieben. Die Schokolade zugeben und **7 Sek. | Stufe 9** zerkleinern. Mit dem Spatel nach unten schieben.

2 | Die Butter mit dem Salz zufügen und **3 Min. | 60°C | Stufe 3** vermischen. Den Rühraufsatz einsetzen und erneut **2 Min. | 60°C | Stufe 3** vermischen. Anschließend **2 Min. | Stufe 4** weitermixen und dabei langsam die Eier nach und nach durch die Deckelöffnung des Mixtopfs geben.

3 | Vanilleextrakt, Zimt sowie gemahlene Mandeln zufügen und alles **10 Sek. | Stufe 4** mischen. Mit dem Spatel nach unten schieben und noch einmal **5 Sek. | Stufe 4** vermischen. Den Teig gleichmäßig auf die vorbereiteten Förmchen verteilen und in den Varoma® sowie auf den Einlegeboden setzen.

4 | 500 g heißes Wasser in den Mixtopf füllen und den Varoma® aufsetzen. Die Küchlein **12 Min. | Varoma® | Stufe 2** dämpfen. Anschließend Küchlein auf Teller stürzen und nach Belieben mit einer Kugel Eis oder Sahne servieren.

>XXL-TIPP Wenn ihr mehr von diesen leckeren Schokoküchlein zubereiten möchtet, könnt ihr die Zutaten ganz einfach verdoppeln. Sollten die Förmchen nicht alle im Varoma® und auf dem Einlegeboden Platz finden, könnt ihr sie auch für 7 bis max. 10 Minuten im vorgeheizten Backofen bei 180°C Ober-/Unterhitze backen.

Foto: Sophia Handschuh

MIT
XXL
TIPP

BACKEN IM VAROMA®

Das müsst ihr probieren! Auch Kuchen und Brote lassen sich in Dampf garen. Durch die schonende Methode werden Rühr- und Knetteige unvergleichlich luftig und saftig. Damit es gelingt, findet ihr hier die wichtigsten Tricks

Saftigster Varoma® Marmorkuchen

Basis REZEPT

Passende Backform(en) ggf. mit Butter fetten. 120 g Butter im **20 Sek. | Stufe 4** cremig rühren. 110 g Puderzucker, ½ TL Vanilleextrakt, 10 g braunen Rum, 1 Prise Salz, 2 Eier, 150 g Mehl, 2 TL Backpulver sowie 10 g Milch zugeben und alles **20 Sek. | Stufe 5** vermischen. Mit dem nach unten schieben. Erneut **10 Sek. | Stufe 4** verrühren. Die Hälfte des Teigs in die Backform(en) füllen. 20 g Milch und 10 g Kakaopulver zum übrigen Teig in den geben und **5 Sek. | Stufe 4** unterrühren. Den dunklen Teig auf den hellen geben. Mit einer Gabel die Teige mit wirbelnden Bewegungen leicht verrühren. Die Backform(en) in den Varoma® setzen. Wasser (siehe Tabelle) in den füllen. Den Varoma® verschlossen aufsetzen und den Kuchen je nach Form **Varoma® | Stufe 2** dämpfen.

RICHTIG DÄMPFEN

Beim Einsetzen der Backform in den Varoma® solltet ihr stets darauf achten, dass Dampf frei zirkulieren kann. Hierfür müssen ein paar **Luftschlitze** im Varoma® frei bleiben. Sind zu viele Luftschlitze abgedeckt, empfiehlt es sich, die Backform im Varoma® auf Kügelchen aus Alufolie zu stellen oder auf ein Gargitter.

Kann man machen, muss man aber nicht: Damit während des Dampfgarens das **Kondenswasser** nicht auf das Gargut tropft, könnt ihr die Backform mit hitzebeständiger Frischhaltefolie abdecken und diese Folie, falls nötig, mit einem Gummiband an der Form befestigen.

EIN REZEPT – FÜNF FORMEN

Je nach Laune oder Backformenbestand lassen sich aus dem Basisrezept köstliche Küchlein in unterschiedlichen Größen zaubern. Die Tabelle gibt eine Übersicht, wie lange welche Form im Varoma® dampfgaren müssen und wie viel Wasser ihr dafür im benötigt.

Der kleine Dampf-Backofen

BACKFORM	BACKZEIT	WASSER-FÜLLMENGE
Kastenform (20 × 7 cm)	65 Min.	1250 g
Gugelhupf (Ø 16 cm)	60 Min.	1100 g
Springform (Ø 18 cm)	45 Min.	800 g
Silikon-Muffinform für Varoma® mit 7 Mulden	35 Min.	600 g
Silikon-Muffinförmchen (12 Stück)	20 Min.	500 g

Foto: Archiv | Illustration: Lara Klemm

Jeden Tag eine
zauberhafte Idee
mein ZauberTopf Club
www.zaubertopf-club.de

DESSERTS

Miso-Brownie-Cheesecake

Gedämpfter Zitronen-Ingwer-Kuchen

Gedämpfte Matchaküchlein

Quinoapudding mit Himbeerpüree

Kirschenmichel mit Vanillesoße

Dattelpudding aus dem Varoma®

Kokosmilchreis mit Mangosoße

Foto: siehe Rezeptseite | Illustrationen: Archiv (1)

FÜR NASCHKATZEN

Puddings, Küchlein und Cheesecake zum Weglöffeln!

WENN MEHR ZEIT BLEIBT

Miso-Brownie-Cheesecake

02 00 std : min

LOW CARB LOW FAT

PRO STÜCK: 264 KCAL | 6 G E | 18 G F | 21 G KH

ZUTATEN FÜR 12 STÜCKE

- ★ **100 g Butter, in Stücken, zzgl. etwas mehr zum Fetten der Form**
- ★ **100 g Zartbitterschokolade, in Stücken**
- ★ **125 g Puderzucker**
- ★ **1 TL Vanilleextrakt**
- ★ **40 g rote Misopaste**
- ★ **1 Prise Salz**
- ★ **3 Eier**
- ★ **1 TL Backpulver**
- ★ **75 g Mehl Type 405**
- ★ **250 g Frischkäse**
- ★ **1250 g Wasser**

1 | Eine Springform (Ø 18 cm) fetten, mit Backpapier auskleiden und beiseitestellen. Schokolade mit Butter in den Mixtopf geben und **5 Min. | 50 °C | Stufe 2** schmelzen. 75 g Puderzucker, Vanilleextrakt, rote Misopaste sowie Salz zufügen und **30 Sek. | Stufe 3** vermischen. Währenddessen 2 Eier nach und nach durch die Deckelöffnung des Mixtopfs geben.

2 | Das Backpulver mit Mehl zugeben und alles **20 Sek. | Stufe 4** vermischen. Den Teig in der vorbereiteten Springform verstreichen. Den Mixtopf reinigen.

3 | Frischkäse, 1 Ei sowie 50 g Puderzucker in den Mixtopf geben und **10 Sek. | Stufe 3** vermengen. Die Frischkäsecreme über den Brownieteig geben und die Springform mit Frischhaltefolie abdecken. Die Form in den Varoma® stellen und sicherstellen, dass ein paar Luftschlitze frei gelassen werden, damit der Dampf zirkulieren kann. Sollten alle abgedeckt sein, könnt ihr ein paar Bällchen aus Alufolie oder kleine Porzellanförmchen unter die Springform stellen.

4 | Wasser in den Mixtopf geben und den Varoma® verschlossen aufsetzen. Anschließend den Brownie-Cheesecake **70 Min. | Varoma® | Stufe 2** dämpfen. Zum Abkühlen die Form noch 30 Min. im Varoma® stehen lassen. Danach herausnehmen und den Kuchen vor dem Servieren abkühlen lassen.

>**TIPP** Misopaste intensiviert den Schokoladengeschmack und bringt ein wenig Umami-Würze hinein. Ersetzt werden kann sie durch eine Mischung aus 10 g Sojasoße und 20 g Honig.

Foto: Sophia Handschuh

Gedämpfter Zitronen-Ingwer-Kuchen

01 30
std : min

LOW CARB LOW FAT

PRO STÜCK: 443 KCAL | 5 G E | 20 G F | 58 G KH
ZUTATEN FÜR 8 STÜCKE

- 3 unbehandelte Zitronen
- 150 g Muscovado-Zucker
- 4 Ingwerstücke in Sirup, abgetropft
- 150 g Zucker
- 170 g weiche Butter, in Stücken, zzgl. etwas mehr zum Fetten der Form
- 80 g Milch
- 3 Eier
- 170 g Mehl Type 405
- 2 TL Backpulver
- 1 Prise frisch geriebene Muskatnuss
- ½ TL Ingwerpulver
- ½ TL Kardamompulver
- 800 g heißes Wasser

1 Die Zitronenschale mit einem Sparschäler dünn abschälen. Zusammen mit dem Muscovado-Zucker in den Mixtopf geben und **20 Sek. | Stufe 10** zerkleinern. Umfüllen und beiseitestellen.

2 Mit einem scharfen Messer die weiße Haut von den Zitronen entfernen. Die Kerne herauslösen und die Zitronen in den Mixtopf geben. 1 Stück Ingwer zufügen und anschließend **10 Sek. | Stufe 10** zerkleinern. Den weißen Zucker zufügen und alles **4 Min. | 100°C | Stufe 1** kochen.

3 Eine 1,2-l-Puddingform großzügig fetten (stellt sicher, dass die Form in den Varoma® passt, falls nicht, nehmt einfach eine 18-cm-Springform). Die Zitronen-Ingwer-Mischung in die Puddingform füllen.

4 Restliche Ingwerstücke in den Mixtopf geben und **5 Sek. | Stufe 7** zerkleinern. Mit dem Spatel nach unten schieben. Zitronenschalen-Zucker-Mix, Butter, Milch, Eier, Mehl, Backpulver, Muskat, Ingwerpulver sowie Kardamompulver zufügen und **10 Sek. | Stufe 4** vermischen. Mit dem Spatel nach unten schieben und erneut **5 Sek. | Stufe 4** mischen.

5 Den Teig in die Puddingform füllen und die Oberfläche mit einem Löffel glatt streichen. Die Form mit Frischhaltefolie abdecken und in den Varoma® stellen, dabei sicherstellen, dass ein paar Luftschlitze frei gelassen werden, damit der Dampf zirkulieren kann. Sollten alle abgedeckt sein, könnt ihr ein paar Bällchen aus Alufolie oder kleine Porzellanförmchen unter die Form stellen.

6 Heißes Wasser in den Mixtopf füllen und den Varoma® verschlossen aufsetzen. Den Kuchen **40 Min. | Varoma® | Stufe 2** dämpfen. Mit dem Stäbchentest prüfen, ob er fertig ist. Ansonsten weitere 10–15 Min. garen und erneut testen. Vor dem Servieren den Zitronen-Ingwer-Kuchen abkühlen lassen.

Foto: Sophia Handschuh

Gedämpfte Matchaküchlein

00 45
std : min

LOW CARB LOW FAT

PRO STÜCK: 152 KCAL | 3 G E | 6 G F | 20 G KH
ZUTATEN FÜR 12 STÜCK

* **125 g Mehl Type 405**
* **2 TL Backpulver**
* **2 TL Matcha-Pulver**
* **2 Eier**
* **60 g Rapsöl zzgl. etwas mehr zum Fetten**
* **60 g Honig**
* **180 g Joghurt**
* **90 g Puderzucker**
* **1 TL Vanillepaste**
* **500 g Wasser**

1 | Das Mehl mit dem Backpulver und dem Matcha-Pulver in den Mixtopf geben. Alles zweimal **1 Sek. | Turbo** pulverisieren, in eine Schüssel umfüllen und beiseitestellen.

2 | Den Rühraufsatz einsetzen. Die Eier mit dem Öl in den Mixtopf geben, **1 Min. | Stufe 4** vermischen. Honig, Joghurt, Puderzucker sowie Vanillepaste zufügen und **1 Min. | Stufe 4** vermischen. Die Mehlmischung zugeben und **10 Sek. | Stufe 4** untermischen. Mit dem Spatel nach unten schieben und erneut **5 Sek. | Stufe 4** verrühren.

3 | 12 einzelne Silikon-Muffinförmchen fetten und den Teig hineinfüllen. Förmchen im Varoma® und Einlegeboden verteilen, mit Frischhaltefolie oder Backpapier abdecken.

4 | Das Wasser in den Mixtopf geben, den Varoma® verschlossen aufsetzen und die Matcha-Küchlein **25 Min. | Varoma® | Stufe 2** dämpfen. Mit der Stäbchenprobe überprüfen, ob die Muffins fertig sind. Achtet darauf, dass die Küchlein nicht zu lange gebacken werden, da sie sonst zu hart werden.

Foto: Sophia Handschuh

Quinoapudding mit Himbeerpüree

01 00
std : min

LOW CARB LOW FAT

PRO PORTION: 412 KCAL | 7 G E | 10 G F | 74 G KH
ZUTATEN FÜR 4 PERSONEN

- ★ 300 g Himbeeren
- ★ 100 g Puderzucker
- ★ Mark von 1 Vanilleschote
- ★ Abrieb von 1 unbehandelten Zitrone
- ★ 400 g Kokosmilch (Dose)
- ★ 150 g Quinoa
- ★ 50 g Ahornsirup
- ★ 30 g Kokosöl zzgl. etwas mehr zum Fetten der Formen
- ★ 1 TL Vanilleextrakt
- ★ 1 TL Zimtpulver
- ★ 1 Banane, in Stücken
- ★ 500 g heißes Wasser

1 Himbeeren, Zucker sowie Vanillemark in den Mixtopf geben und **6 Min. | 100 °C | Stufe 2** kochen. Umfüllen und beiseitestellen. Den Mixtopf ausspülen.

2 Zitronenabrieb und Kokosmilch in den Mixtopf geben und **4 Min. | 100 °C | Stufe 1** erhitzen. Quinoa, Ahornsirup, Kokosöl, Vanilleextrakt sowie Zimt dazugeben und alles **20 Min. | 100 °C | Linkslauf | Stufe 1** kochen.

3 Die Bananenstücke zufügen und **15 Sek. | Stufe 3** untermischen. 6 Porzellan- oder Silikonförmchen einfetten, im Varoma® und auf dem Einlegeboden verteilen. Den Pudding in die Formen füllen.

4 Heißes Wasser in den Mixtopf geben und den Varoma® verschlossen aufsetzen. Den Pudding anschließend **20 Min. | Varoma® | Stufe 2** dämpfen. Pudding auf Teller stürzen und mit Himbeerpüree garniert servieren.

TK STATT FRISCH

Als Alternative zu frischen Himbeeren könnt ihr auch tiefgefrorene Himbeeren verwenden. Erhöht dann die Kochzeit um 2 Minuten.

Foto: Sophia Handschuh (1); Archiv (1)

Kirschenmichel mit Vanillesoße

00 50 std : min

LOW CARB LOW FAT

PRO PORTION: 623 KCAL | 17 G E | 32 G F | 62 G KH

ZUTATEN FÜR 4 PERSONEN

KIRSCHENMICHEL
- ★ **2 Eier, getrennt**
- ★ **2 Prisen Salz**
- ★ **40 g Zucker**
- ★ **2 Milchbrötchen vom Vortag, geviertelt**
- ★ **½ TL Zimtpulver**
- ★ **125 g Milch**
- ★ **50 g weiche Butter, in Stücken**
- ★ **60 g Schmand**
- ★ **10 g selbst gemachter Vanillezucker (Rezept S. 68)**
- ★ **30 g blanchierte Mandelkerne**
- ★ **30 g Zartbitterschokolade**
- ★ **150 g Kirschen (TK)**
- ★ **1000 g Wasser**

VANILLESOSSE
- ★ **500 g zimmerwarme Milch**
- ★ **2 Eigelb**
- ★ **50 g Zucker**
- ★ **1 Prise Salz**
- ★ **10 g Vanillepuddingpulver**

1 | Für den Kirschenmichel den Einlegeboden mit Backpapier auslegen. Dabei darauf achten, dass die seitlichen Dampfschlitze frei bleiben, und den Einlegeboden zur Seite stellen. Den Rühraufsatz in den einsetzen. Eiweiße mit 1 Prise Salz in den geben und **1 Min.** | **Stufe 3,5** schlagen. 20 g Zucker zufügen und **1 Min.** | **Stufe 3,5** steif schlagen. Den Rühraufsatz entfernen und den Eischnee in eine Schüssel umfüllen.

2 | Die Milchbrötchen mit dem Zimt in den geben und mithilfe des **4 Sek.** | **Stufe 4** zerkleinern. Die Milch zufügen, alles **5 Sek.** | | **Stufe 3** mischen und in eine Schüssel umfüllen.

3 | Eigelbe, Butter, Schmand, Vanillezucker, 20 g Zucker sowie 1 Prise Salz in den geben und **10 Sek.** | **Stufe 3,5** verrühren. Die Brötchenmischung zufügen, alles **5 Sek.** | | **Stufe 3** mischen und ebenfalls in die Schüssel umfüllen. Den säubern, kalt ausspülen und gut abtrocknen.

4 | Mandeln mit Schokolade in den einwiegen und **5 Sek.** | **Stufe 6** zerkleinern. Den Eischnee mit dem auf die Brötchenmischung geben, zwei Drittel der Mandelmischung darauf verteilen und mit dem vorsichtig kurz unterheben. Die Kirschen unterziehen und die Mischung auf dem vorbereiteten Einlegeboden verteilen. Restliche Mandelmischung aufstreuen. Den Einlegeboden in den Varoma® einsetzen und verschließen. Das Wasser in den füllen, den Varoma® aufsetzen und **20 Min.** | **Varoma®** | **Stufe 1** garen. Den Varoma® abnehmen und den leeren.

5 | Für die Vanillesoße Milch, Eigelbe, Zucker, Salz sowie Puddingpulver in den geben, den Varoma® wieder aufsetzen und alles **7 Min.** | **100°C** | | **Stufe 3** garen. Den Kirschenmichel mit der Vanillesoße auf vier Tellern anrichten und servieren.

>**TIPP** Wer mag, bestreut den Kirschenmichel kurz vor dem Servieren noch mit etwas selbst gemachtem Puderzucker.

Foto: Jorma Gottwald

Dattelpudding aus dem Varoma®

00 45
std : min

LOW CARB LOW FAT

PRO PORTION: 514 KCAL | 5 G E | 28 G F | 60 G KH
ZUTATEN FÜR 8 PORTIONEN

- **210 g heller Muscovado-Zucker**
- **160 g Butter, in Stücken, zzgl. etwas mehr zum Fetten der Formen**
- **250 g Crème double**
- **1 EL Bourbon Whiskey (optional)**
- **2 TL Vanillepaste**
- **½ TL Salz**
- **750 g Wasser**
- **200 g getrocknete Datteln**
- **1 TL Natron**
- **150 g Mehl Type 405**
- **2 TL Backpulver**
- **2 Eier**

1 | Für die Karamellsoße 150 g Muscovado-Zucker mit 100 g Butter, Crème double, evtl. Bourbon, 1 TL Vanillepaste sowie Salz in den Mixtopf geben und **7 Min. | 80 °C | Stufe 3** vermengen. Umfüllen und warm halten.

2 | 250 g Wasser in den Mixtopf geben und **3 Min. | 100 °C | Stufe 2** aufkochen lassen. Datteln und Natron zugeben und 5 Min. ruhen lassen. 8 Datteln beiseitelegen, dann den restlichen Zucker mit der restlichen Butter zufügen und alles **10 Sek. | Stufe 6** zerkleinern. Die Masse mithilfe des Spatels herunterschieben.

3 | Mehl, Backpulver, Eier sowie die übrige Vanillepaste zugeben und alles **10 Sek. | Stufe 4** vermischen. Danach mithilfe des Spatels herunterschieben.

4 | 8 Dessertförmchen mit Butter fetten, je 1 ganze Dattel auf den Boden legen. Die Puddingmasse in die Förmchen füllen, dabei jeweils etwa 1 cm bis zum Rand frei lassen. Die Förmchen in den Varoma® stellen.

5 | Wasser in den Mixtopf füllen und den Varoma® verschlossen aufsetzen. Die Puddings **25 Min. | Varoma® | Stufe 2** dampfgaren. Die Dattelpuddings auf Teller stürzen und mit der Karamellsoße übergießen.

Foto: Sophia Handschuh

Kokosmilchreis mit Mangosoße

00 40
std : min

LOW CARB LOW FAT

PRO PORTION: 640 KCAL | 12 G E | 32 G F | 81 G KH
ZUTATEN FÜR 4 PERSONEN

* 60 g brauner Zucker
* 10 g Kokosraspel
* 1 Msp. Zimtpulver
* 1 Msp. Ingwerpulver
* Abrieb von ½ unbehandelten Zitrone
* Salz
* 300 g Mango, in Stücken
* 15 g Zitronensaft
* 40 g Orangensaft
* 400 g Kokosmilch (Dose)
* 600 g Milch
* 10 g selbst gemachter Vanillezucker (Rezept Seite 68)
* 200 g Milchreis

1 | 30 g braunen Zucker, Kokosraspel, Zimt- und Ingwerpulver, die Hälfte der Zitronenschale sowie 1 Prise Salz in den Mixtopf geben. Alles **5 Sek. | Stufe 10** zerkleinern und umfüllen.

2 | Mango, 10 g braunen Zucker, 10 g Zitronensaft sowie den Orangensaft in den Mixtopf geben und **30 Sek. | Stufe 5,5** pürieren. Die Soße umfüllen und den Mixtopf säubern.

3 | Kokosmilch, Milch, Vanillezucker, Milchreis, 1 Msp. Salz, restlichen Zucker, Rest Zitronensaft sowie -abrieb in den Mixtopf geben, mit dem Spatel einmal durchrühren und **35 Min. | 95°C | Stufe 1 | Linkslauf** ohne Messbecher garen. Kokosmilchreis umfüllen, etwa 15 Min. ruhen lassen und zusammen mit Mangosoße und Kokos-Zucker-Mix servieren.

Foto: Alexandra Panella

WAS KÖNNTE ICH HEUTE ESSEN?

Ihr stellt euch diese Frage auch regelmäßig? Dann holt euch einfach und schnell die richtige Antwort darauf! Ihr könnt **mein ZauberTopf** jeden Tag um Rat fragen, euch Inspirationen holen und jederzeit in all unseren Rezepten stöbern

JEDE WOCHE NEUE FOLGEN

Auf unserem YouTube-Kanal wird jede Woche zweimal gemixt und getestet. Unsere Experten zaubern hier die beliebtesten Gerichte für Thermomix® und zeigen dabei ganz genau, welche Tricks zum perfekten Ergebnis führen. Regelmäßig testen wir hier Zubehör, verraten alle Nutzungstipps rund um den Varoma® oder zeigen, wie sich Spaghetti endlich nicht mehr ums Messer wickeln. Schaut vorbei unter www.zaubertopf.de/youtube

TAUSENDE REZEPTE – JEDEN TAG

In unserem exklusiven mein ZauberTopf Club stehen euch Tausende Rezepte von mein ZauberTopf zur Verfügung. Stöbert durch die besten Ideen des Tages, markiert eure absoluten Favoriten oder stellt euch individuelle Wochenpläne zusammen. Natürlich findet ihr auch bereits vorbereitete Kollektionen – so auch zum Thema „All in one". Das gesamte Angebot könnt ihr einen Monat völlig kostenlos testen. Anschließend könnt ihr entweder monatlich für 5 Euro Mitglied werden oder für nur 3 Euro im Monat eine Jahresmitgliedschaft abschließen und alle Rezepte überall und jederzeit aufrufen unter www.zaubertopf-club.de

> TIPP Alle Rezepte dieser Ausgabe sind schon heute für euch im Club!

WAS KOCHEN DIE ANDEREN?

Ihr könnt gar nicht genug bekommen von genialen All-in-one-Ideen? Wir auch nicht! Auf unserer facebook-Seite www.zaubertopf.de/facebook und in unseren Gruppen tauschen wir uns täglich mit euch über neue Ideen aus – das angesagteste All-in-one-Rezept, schnelle Geschenkideen, die einfachsten Sonntagsbrötchen und vieles mehr werden hier empfohlen. Schaut vorbei, werdet Gruppenmitglied und verpasst so keine Tipps, Tricks und Rezeptvorschläge mehr. Wir freuen uns auf euch!

Fotos: Archiv (2) | Illustrationen: Archiv

Impressum

mein ZauberTopf GOLD-EDITION ist eine unabhängige Publikation aus dem Hause falkemedia und steht in keinerlei Verbindung zu den Unternehmen der Vorwerk-Gruppe. Die Marken „Thermomix®", „TM5®", „Varoma® und die Produktgestaltungen des „Thermomix®" sind eingetragene Marken der Unternehmen der Vorwerk-Gruppe. Für die Rezeptangaben in **mein ZauberTopf GOLD-EDITION** ist ausschließlich falkemedia verantwortlich.

Verlag
falkemedia GmbH & Co. KG, An der Halle 400 #1, 24143 Kiel
Tel. +49 431 200 766-0, Fax +49 431 20 07 66 50
E-Mail: info@zaubertopf.de, www.zaubertopf.de

Herausgeber
Kassian Alexander Goukassian (v. i. S. d. P.)

Mitglied der Geschäftsleitung & Ltg. Marketing
Wolfgang Pohl

Chefredakteurin/Teamleitung
Vivien Koitka

Redaktion (redaktion@zaubertopf.de)
Hannah Hold, Charlotte Heyn, Svenja Rudolf, Vera Schubert, Alexandra Jürgensen, Amelie Flum, Eric Kluge, Henrieke Wölfl, Lea Eckert | Studentische Aushilfen: Tessa Prignitz, Pia Teßmann

Für Rezeptfragen, Korrekturen und Anmerkungen
www.zaubertopf.de/rezept-updates

Rezeptentwicklung
Charlotte Heyn, Vera Schubert, Sven Uden (Koch)

Art-Direktion/Layout
Lara Klemm, Lisza Lange

Grafik und Bildbearbeitung
Nele Witt, Kathrin Knoll, Sara Wegner

Lektorat
SchlussBlick

Fotografen dieser Ausgabe
Tina Bumann, Sabine Büttner, Marie-Therese Cramer, Anna Gieseler, Jorma Gottwald, Sophia Handschuh, Matthias Haupt, Oliver Hauser, Ira Leoni, Alexandra Panella

Abonnementbetreuung
abo@zaubertopf.de, Tel. +49 711 72 52 293,
mein ZauberTopf Abo-Service, Postfach 810640, 70523 Stuttgart

Mediaberatung
Martin Wetzel (Martin.Wetzel@brmedien.de)
Tel. +49 2241 1774 14, Fax: +49 2241 1774 20

Sascha Eilers (s.eilers@falkemedia.de),
Tel. +49 4340 49 93 79, mobil: +49 151 53 83 44 12
Fax: +49 4340 49 93 91

Anzeigenkoordination
Dörte Schröder (d.schroeder@falkemedia.de), Tel. +49 431 20 07 66 12

Anzeigenpreise
Siehe Mediadaten 2020 unter www.zaubertopf.de

Produktionsmanagement/Druck
impress GmbH, www.impress-media.de

Vertrieb
VU Verlagsunion KG, Meßberg 1, 20086 Hamburg

Vertriebsleitung
Hans Wies, VU Verlagsunion KG (Hans.wies@verlagsunion.de)

Bezugsmöglichkeiten
Abo, Zeitschriften- und Buchhandel, Bahnhöfe, Flughäfen

Einzelpreis: 8,99 Euro (Gold-Edition);
5,50 Euro (reguläres Heft), 9,99 Euro (Spezial)
Jahresabonnement Gold-Edition: 29,90 Euro,
Europäisches Ausland zzgl. 0,90 Euro je Ausgabe. In den Preisen sind Mehrwertsteuer und Zustellung enthalten. Bezogen auf 4 Ausgaben im Jahr. Der Verlag behält sich die Veränderung der Erscheinungsfrequenz vor.

Manuskripteinsendung
Manuskripte jeder Art werden gerne entgegengenommen. Sie müssen frei von Rechten Dritter sein. Mit der Einsendung gibt der Verfasser die Zustimmung zum Abdruck de Manuskripts auf Datenträgern der Firma falkemedia. Ein Einsenden garantiert keine Veröffentlichung. Honorare nach Vereinbarung oder unseren AGB. Für unverlangt eingesandte Manuskripte übernimmt der Verlag keine Haftung.

Datenschutz
Jürgen Koch (datenschutzanfrage@falkemedia.de),
falkemedia GmbH & Co. KG, Abt. Datenschutz,
An der Halle 400 #1, 24143 Kiel

Bei falkemedia erscheinen außerdem die Publikationen LandGenuss, So is(s)t Italien, Mein LandRezept, NaturApotheke, Mac Life, BEAT, DigitalPHOTO, BÜCHER und Die 101 Besten.

©falkemedia, 2020 | www.falkemedia.de | ISSN 2510-392X | ISBN 978-3-96417-120-7

falkemedia